AF536530

www.schauhoer-verlag.de

1. Auflage September 2015

Autorin Inés María Jiménez 2015

Satz und Layout: Uwe Steinmayer, Atelier am See

Printed in Spain 2015

ISBN 978-3-940106-19-3

Unser vollständiges Programm bilingualer Kinderbücher und didaktischen Materials finden Sie unter: www.schauhoer-verlag.de

Inés María Jiménez

Mit Sprache umhüllen

Praktische Tipps für die bilinguale Erziehung

VORWORT

Wenn Eltern ihr Kind bilingual erziehen möchten, so benötigen sie vor allem zwei wesentliche Voraussetzungen für ein gutes Gelingen: Zeit und Gelassenheit.

Das Ziel, das sie sich gesetzt haben, ist hoch; so soll sich ihr Kind irgendwann einmal nicht nur in einer, sondern gleich in zwei Sprachen wortgewandt bewegen können. Manchmal müssen Erwartungshaltungen verändert werden, da Eltern plötzlich Stolpersteine entdecken, die sie nicht erwartet haben. Und oft stellen sie fest, dass sie gar nicht wissen, wie sie dieses Ziel überhaupt erreichen sollen, weil sie keine oder kaum Erfahrungen im Bereich der bilingualen Erziehung mitbringen. Die meisten Ratgeber bieten viel Hintergrundwissen zum Thema an. Wie jedoch das Wissen praktisch anwenden? Welche Tipps gibt es dazu?

Der Titel «Bilinguale Erziehung in der Praxis» weist bereits darauf hin, worum es in diesem Ratgeber gehen soll. In der heutigen Zeit, in der Menschen mit Unmengen an Informationen oft überschüttet werden, ist es ein Luxus, kurz und knapp auf das Wichtigste zurückgreifen zu können. Und das ist das Ziel dieses Buches: Es soll in kompakter Form das unentbehrlichste Praxiswissen zum Thema bilinguale Erziehung vorstellen. Es werden vor allem vernünftige und brauchbare Tipps und Tricks vorgestellt, die Eltern und Erziehenden helfen, sich zu orientieren. Diese Anleitungen können unabhängig von der Sprache angewendet werden, die in den Familien gesprochen wird, da sie allgemeingültig sind.

Dieser Ratgeber möchte Eltern in ihrem Alltag unterstützen. Weiteres Hintergrundwissen sowie Problemlösungsstrategien entnehmen Sie dem bibliografischen Anhang. Treten gravierende Schwierigkeiten auf, sollten Eltern zuerst einmal abklären, ob ein organisches Problem wie zum Beispiel eine ständige Mittelohrentzündung oder gar ein Hörschaden vorliegt. Die Mundmotorik sollte ebenfalls in die Ursachenforschung einbezogen werden. Meistens kommen Hinweise von Erziehern oder Lehrern, aber auch das eigene Bauchgefühl ist wichtig.

Bei bilingual aufwachsenden Kindern wird bei noch oft auf die Zweisprachigkeit als Ursache von Sprachschwierigkeiten hingewiesen. Dem setzt der deutsche Bundesverband für Logopädie entgegen, dass zwar anfangs beide Sprachen gemischt, Artikel weggelassen oder falsche Artikel („die Auto") benutzt werden. Sprachliche Auffälligkeiten können von allein oder mit Hilfe von Sprachförderung verschwinden. Kinder mit sprachlichen Störungen sind daran zu erkennen, dass sie wenige Wörter zur Verfügung haben (geringer Wortschatz), unverständlich sprechen oder die Äußerungen nicht sehr umfangreich sind. Eltern sollten sich in diesen Fällen professionelle Hilfe suchen. Ansprechpartner sind in erster Linie Kinderärzte, HNO-Ärzte oder Beratungsstellen, die an Spezialisten wie Sprachtherapeuten (Logopäden) verweisen.

Die Idee für diesen Ratgeber stammt aus den Erfahrungen, die ich mit meinem ersten Buch „Mut zur Mehrsprachigkeit. Wie erziehe ich mein Kind in einer Fremd- oder Zweitsprache" gemacht habe. Die intensiven Kontakte zu bilingual erziehenden Eltern und die Hinweise vieler Leser bildeten die Grundlage, um nun ein sehr praxisorientiertes Buch herauszugeben. Des Weiteren war meine eigene Familiengeschichte ausschlaggebend, denn ich selbst wurde einsprachig erzogen, obwohl meine Eltern die besten Voraussetzungen für eine zweisprachige Erziehung gehabt hätten. Diese Tatsache habe ich jahrelang sehr bedauert, so dass ich begann, meine eigenen Kinder zweisprachig zu erziehen.

Eine weitere Basis dieses Ratgebers ist ein Vortrag, den ich anlässlich eines Aktionstags des Netzwerks Mehrsprachigkeit e.V. in Nürnberg sowie in erweiterter Form für Eltern in einer bilingualen Grundschule in Köln gehalten habe. Bei den Vorträgen und den anschließenden Diskussionen mit Eltern habe ich festgestellt, dass bilingual erziehende Eltern oft sehr unsicher sind, ob das, was sie tun, auch richtig ist und zum erhofften Erfolg führt. Sie wünschen sich Orientierung im Dickicht der bilingualen Erziehung. Mit den praxiserprobten Tipps und Tricks aus diesem Buch bin ich sicher, dass Eltern, aber auch Erzieher und Lehrer von bilingualen Kindergärten und Schulen eine Anleitung an die Hand bekommen, die ihnen helfen wird, die bilinguale Erziehung des Kindes motiviert, aber gelassen anzugehen.

Das Buch besteht aus zwei Teilen. Der erste Teil beinhaltet das wichtigste Hintergrundwissen zum Thema bilinguale Erziehung und beleuchtet die Gründe sowie die Vorteile von Bilingualität. Außerdem zeigt er die verschiedenen Familienmodelle auf. Hier zeigt sich vor allem, dass es kein Patentrezept für eine bestimmte Art von mehrsprachiger Erziehung gibt: Jede Familie muss selbst herausfinden, auf welche Art und Weise sie eine weitere Sprache zulassen kann. Der zweite Teil des Buches besteht aus fünfzehn Tipps und Tricks, die sich sowohl bilinguale als auch einsprachige Familien bewusst machen sollten, Literaturangaben über Ratgeber in verschiedenen Sprachen, Adressen von Verlagen mit zweisprachiger Kinderliteratur und Links zum Thema.

Ich bin mir sicher, dass Eltern mit diesen Informationen für das Abenteuer bilinguale Erziehung gut gerüstet sein werden.

Inés María Jiménez

INHALT

1. Frühe Zwei- und Mehrsprachigkeit

EINE KURZE WORTERKLÄRUNG

Viele Menschen auf der Welt sprechen aus den unterschiedlichsten Gründen zwei oder sogar mehrere Sprachen. Es heißt, dass über 60 % der Weltbevölkerung mehrsprachig sind. Das Nachschlagewerk Brockhaus Enzyklopädie bezeichnet die Zweisprachigkeit als Sonderform der Mehrsprachigkeit. Zweisprachig sind diejenigen Menschen, die Kenntnisse in zwei Sprachen vorweisen können. Zweisprachige Menschen haben entweder von früher Kindheit an eine zweite Sprache erworben, weil zum Beispiel ihre Eltern mit ihnen in einer anderen Sprache gesprochen haben. Oder sie wurden erst im Laufe ihres Lebens zweisprachig, zum Beispiel durch Kontakt zu einer anderen Sprache oder fremdsprachlichen Unterricht.

Kenntnisse von zwei Sprachen

Mehrsprachigkeit hingegen beinhaltet das Wissen von mehr als zwei Sprachen. So gibt es Menschen, die drei- oder sogar viersprachig sind. Gerade in Afrika gibt es eine große Sprachenvielfalt. Beinahe jeder Mensch beherrscht hier mehrere Sprachen und setzt diese in bestimmten Situationen ein. So wird in der Dorfgemeinschaft und unter Verwandten meist in der Muttersprache kommuniziert, beim Einkaufen in einer Verkehrssprache (zum Beispiel Swahili) und in Schulen oder bei Behörden in ei-

Kenntnisse von mehr als zwei Sprachen

ner der ehemaligen Kolonialsprachen Englisch oder Französisch. Etwa 70% der Kenianer sprechen Swahili als Zweitsprache![1] In anderen Ländern, wie zum Beispiel Indien, verhält es sich ähnlich. Mehrsprachigkeit ist demnach keine Ausnahme auf unserem Planeten, sondern eher der Normalfall.[2]

Der Ausdruck „Frühe Zwei- und Mehrsprachigkeit" soll darauf hinweisen, dass es hier um Kinder geht. Manche beginnen bereits im Windelalter mit dem Erwerb einer zweiten oder dritten Sprache. Erwachsene können zwar auch spät zwei- oder mehrsprachig werden. Um diese soll es hier allerdings nicht gehen.

Keine allgemeingültige Definition von Mehrsprachigkeit

Ein Blick in die Fachliteratur zeigt, dass es keine allgemeingültige Definition über Zwei- und Mehrsprachigkeit gibt, da in der Forschung immer wieder neue Aspekte aufgegriffen und diskutiert werden. Denn an dieser Stelle stellen sich unterschiedliche Fragen: Wie gut muss eine zweite oder dritte Sprache beherrscht werden, damit man als zwei- oder mehrsprachig gilt? Bin ich bereits mehrsprachig, wenn ich zwei oder drei Wörter in anderen Sprachen kenne? Reicht es aus, wenn ich es schaffe, mich in Alltagssituationen zu behaupten, auch wenn die Grammatik nicht korrekt ist und ich nicht alle Wörter weiß? Oder muss ich die beiden Sprachen gleichwertig gut können?

Ein pragmatischer Umgang mit der Definition bietet sich im Alltag an: Denn nach einer weit gefassten Definition wären beinahe alle Menschen dieser Welt zweisprachig. Ein allzu enge Definition (beide Sprachen müssen so gut gesprochen werden, als seien sie Muttersprachen) hält in der Praxis nicht stand. Es gibt kaum Menschen, die zwei oder mehr Sprachen gleich gut sprechen können.[3] Oft kommt es darauf an, wofür die Sprachen benötigt und wie häufig sie verwendet werden. Es kann sogar passieren, dass die Sprache, die eine Zeit lang gut beherrscht wurde, plötzlich in den Hintergrund tritt, weil sie kaum noch genutzt wird.[4]

Für die Sprachwissenschaftlerin und Professorin für germanistische Linguistik Claudia Maria Riehl ist ein Mensch dann mehrsprachig, wenn er „in den meisten Situationen ohne Weiteres von der einen Sprache zur anderen umschalten kann".[5]

Bei Zwei- oder Mehrsprachigkeit soll es nicht um Perfektion gehen. Es ist also nicht wichtig, die Sprachen vollkommen zu beherrschen, sondern funktional (zweckgebunden), um in Alltagsituationen, die dem Alter des Sprechers entsprechen, bestehen zu können. So müssen Vorschulkinder zum Beispiel noch nicht einkaufen können, sollten aber in einer der Situation angemessenen Sprache sagen können, ob sie Hunger oder Durst haben oder mit jemandem spielen wollen. Sprache soll also gebraucht werden, um mit anderen Menschen in Kontakt treten, kommunizieren und persönliche Ziele erreichen zu können.[6]

URSACHEN FÜR MEHRSPRACHIGKEIT

Viele Gründe für Mehrsprachigkeit

Warum sind Menschen mehrsprachig? Dafür gibt es die unterschiedlichsten Gründe. Zum einen können Menschen bereits zuhause mit einer anderen Sprache aufwachsen, weil ihre Eltern unterschiedliche Sprachen sprechen (bilinguale Ehen). Sie können auch mit einer anderen Sprache aufwachsen, weil sie in einem anderen Land leben (Auswanderer). Oder im Land selbst werden mehrere Sprachen gesprochen (zum Beispiel Indien). Vielleicht ist aber auch das Bildungssystem so konzipiert, dass Fremdsprachen bereits sehr früh Eingang in Kindergarten und Schule finden (beispielsweise in Deutschland).

Traditionell gesehen ist Deutschland ein einsprachiges Land. Mit dem Obersächsischen, dem Schwäbischen oder dem Bairisch-Österreichischen beispielsweise existieren hier zumindest viele verschiedene Mundarten bzw. Dialekte.[7] Dann gibt es noch die drei Minderheiten Dänen, Sorben und Friesen, deren Sprachen sich vom Deutschen stark unterscheiden. Durch den Minoritätenschutz wurden ihre Sprachen aber im Schulwesen verankert. So gibt es zum Beispiel in Flensburg ein dänisches Gymnasium.[8] Eine gesellschaftliche Mehrsprachigkeit findet sich in Deutschland am ehesten in den Randgebieten zu anderen Staaten: Die Menschen, die in der Nähe zu Frankreich, Niederlande oder Dänemark leben, weisen durch den alltäglichen Umgang mit diesen Sprachen eine höhere Kompetenz auf. In der Vergangenheit fand Mehrsprachigkeitserziehung in unserem Land weniger zuhause durch die Eltern, sondern in der Schule statt. Im Mittelalter war das Lateinische in Kirche und Politik vorherrschend und wurde daher seit dem Jahre 720 in den Klöstern gelehrt. Der deutsche Altphilologenverband stellt fest, dass Latein als das älteste Schulfach in Deutschland und somit auch als die erste fremde Sprache bezeichnet werden kann.[9] Latein war Sprache der internationalen Kommunikation und Sprache an den Universitäten. Nachdem Französisch im 16. Jahrhundert standardisiert wurde, etablierte sich die Sprache im 17. und besonders im 18. Jahrhundert als internationale Kultursprache, die auch an adeligen deutschen Höfen gelehrt, gepflegt und gesprochen wurde.[10] Sie löste das Lateinische auch bei internationalen Beziehungen und Diplomatie ab. Als dritte Sprache, die in Deutschland als fremde Sprache gelehrt wurde, kam Anfang des 20. Jahrhunderts Englisch hinzu. Heute ist Englisch die dominierende Sprache im Welthandel, im Finanzsektor sowie im elektronischen Informations- und Kommunikationssektor und damit aus dem deutschen Schulsystem nicht mehr wegzudenken.[11]

Erster Kontakt mit fremden Sprachen in der Schule

Da in Studien und in der Praxis festgestellt wurde, dass Kinder etwa bis zum zehnten Lebensjahr Sprachen anders und oft leichter als Erwachsene erwerben und lernen, gibt es in unserem Bildungssystem bereits recht frühe Kontakte zu anderen Sprachen. Gerade das Englische kann hier als Beispiel herangezogen werden, denn es wird inzwischen bereits im Kindergarten eingeführt. Französisch hat sich, ebenso wie Spanisch oder Italienisch, Russisch oder Chinesisch, als Lehrsprache in den Schulen etabliert. Regelmäßige Schüleraustausche fördern ebenfalls das Interesse an einer anderen Sprache. Dadurch, dass die Kinder heutzutage immer früher und auch regelmäßiger mit Fremdsprachen in Kontakt kommen, lernen sie Sprachen meist schneller und gründlicher als ihre Eltern und Großeltern und sprechen sie flüssiger. Für die wirtschaftlichen Beziehungen eines Landes ist diese Entwicklung von Vorteil, denn Firmen sind an Mitarbeitern interessiert, die weitere Sprachen sehr gut beherrschen. Eine weitere Entwicklung ergibt sich aus dem gerade Beschriebenen:

Intentionale Erziehung: Erziehung in einer Fremdsprache

Dadurch, dass Menschen regelmäßig eine andere Sprache pflegen und mit der Kultur in Kontakt kommen, haben sie oft den Wunsch, diesen Sprachschatz, den sie besitzen, an ihre Kinder weiter zu geben. Selbst wenn sie ursprünglich aus einsprachigen Familien stammen und als Kind nicht bilingual erzogen wurden, reift oft der Entschluss, die eigenen Kinder bilingual zu erziehen. In der Fachsprache wird die Erziehung von Kindern in einer Sprache, die für die Eltern eigentlich eine Fremdsprache darstellt, „intentionale Erziehung" genannt. In wissenschaftlichen Fachkreisen findet dieses Phänomen immer größeres Interesse. Von Laien oft (und meist zu Unrecht) kritisiert, erfreut sich „Intentional Bilingualism" dennoch einer wachsenden Beliebtheit. Bestimmte Voraussetzungen der Eltern sind hilfreich, damit das Projekt gelingt. Der Grund für die wachsende Gruppe der Eltern, die sich für eine intentionale Erziehung entscheiden, liegt in den immer früher stattfindenden und intensiveren Kontakten zu einer anderen Sprache: Wer sich seit der Kindheit oder später auch beruflich ständig mit einer anderen Sprache auseinander setzt und sie pflegt, für den ist die Fremdsprache eines Tages nicht mehr fremd, sondern ein Teil seines Lebens, mit der er sich wohl fühlt.

Kurzer Exkurs: Migrantensprachen in Deutschland

Wichtig ist außerdem, den Einfluss der einströmenden Sprachen in Deutschland zu betrachten. Diese kamen meist im Zuge des Anwerbens von Arbeitern, die in Deutschland fehlten. Ab 1880 waren diese Zuwanderer Polen, Masuren, Kaschuben und Oberschlesier, die hier im Bergbau, Industrie und Landwirtschaft tätig waren. Auch meine Großeltern mütterlicherseits stammten aus Polen und Ostpreußen. Meine Großmutter war eine geborene „Chwaliczewski". Gerade im Ruhrgebiet sind polnische Nachnamen normal; viele wurden später eingedeutscht, um sie besser aussprechen zu können.

Nach dem zweiten Weltkrieg teilten die Amerikaner, Engländer und Franzosen zusammen mit der Sowjetunion Deutschland in Zonen auf. Während die Russen den östlichen Teil für sich beanspruchten, waren die Westmächte in unterschiedlichen Gebieten stationiert. Daraus ergaben sich Kontakte zu der Zivilbevölkerung und die Sprachen der Besatzer wurden benötigt. Binationale Ehen zwischen den ausländischen Soldaten und deutschen Frauen waren eine Folge dieses Kontakts, auch wenn dieser meist nicht gern gesehen wurde. Eine Akzeptanz wie heute, dass Kinder dieser Verbindungen auch mehrsprachig erzogen wurden, gab es damals noch nicht. Als der Arbeitskräftemangel zunahm, beschloss die Bundesregierung, junge Menschen aus dem Ausland anzuwerben. In den 1950er und 1960er Jahren wurden in Deutschland vor allem männliche Arbeitskräfte benötigt. 1955 startete die Bundesrepublik das erste Anwerbeabkommen mit Italien, dem bis 1964 ähnliche Abkommen mit Spanien, Griechenland, Türkei, Marokko und Portugal folgten. Diese Abkommen regelten Auswahlkriterien der Bewerber, Bezahlung oder Familiennachzug. 1964 befanden sich bereits eine Million Gastarbeiter, wie sie damals genannt wurden, in Deutschland. Nach weiteren Abkommen mit Tunesien, Jugoslawien und Südkorea wurde 1973 aufgrund der Wirtschaftsrezession ein Anwerbestopp der BRD ausgesprochen. In der DDR gab es ähnliche Abkommen ab 1966 mit Polen, Vietnam, Algerien, Mosambik und China.[12]

Bis 1973 kamen 14 Millionen Gastarbeiter nach Deutschland.[13] Die jungen Männer kamen anfangs oft allein, um hier zu arbeiten. Elf Millionen Arbeitsmigranten kehrten wieder zurück. Der Rest holte die Familie nach. Meist sprach diese kein Deutsch und es fehlten Orte, um Deutsch zu erlernen, da es kaum Sprachschulen oder Volkshochschulkurse gab. Die Sprache ihrer neuen Heimat wurde daher praxisnah erlernt: auf der Arbeit, beim Einkaufen oder beim Arzt. Kinder kamen auf der Straße und in der Schule mit Deutsch in Kontakt; meist erlernten sie das Deutsche fehlerfrei, ohne Akzent und besser als ihre Eltern.

Heutzutage hat sich das Bild der Ausländer in Deutschland verändert. Viele Gastarbeiter von damals sind in ihre Heimatländer zurückgekehrt, die übrigen stellen als Mitbürger neue gesellschaftlich relevante Gruppen dar, die größte Gruppe setzt sich aus türkischstämmigen, gefolgt von polnisch- und italienischstämmigen Menschen zusammen.[14] Bereits ab 1975 kamen Deutschstämmige aus Polen und Rumänien nach Deutschland, die eine Ausreisegenehmigung erhalten hatten.[15] Durch die Veränderung der politischen Machtverhältnisse in der Sowjetunion Ende der 1980er Jahre und die Aussiedleraufnahmegesetze strömten ab 1990 viele Aussiedler und Spätaussiedler aus Polen und Russland nach Deutschland. Der Balkankonflikt von 1991 bis 1995 hingegen ließ viele Kroaten, Bosnier und Serben vor dem Bürgerkrieg im ehemaligen Jugoslawien nach Deutschland fliehen. Durch den Beitritt von Rumänien und Bulgarien zur EU im Jahr 2007 und der Einführung der vollen Arbeitnehmerfreizügigkeit (d.h. Arbeiten ohne Arbeitserlaubnis) für beide Staaten Anfang 2014 hat sich der Zuzug der Einwanderer gerade dieser Länder stark erhöht.[16]

Welche Sprache(n) spricht die Familie miteinander?

Neben den mitgezogenen ausländischen Familien gibt es auch immer häufiger binationale Ehen in Deutschland. Spätestens dann, wenn Kinder da sind, stellt sich die Frage: Welche Sprache(n) sprechen wir zusammen? In einer Familie mit einer Muttersprache ist dies leicht zu beantworten: Man spricht eben die Sprache, die man am besten kann. Eine Familie mit zwei Herkunftssprachen greift oft auf die Sprache zurück, in der Mutter und Vater miteinander kommunizieren. Doch junge Familien stellen sich die Fragen: Verwendet man diese oder spricht jeder seine eigene Sprache mit den Kindern? Was ist, wenn der andere Partner die Sprache nicht versteht? Vielleicht fühlt er sich ausgeschlossen?

Mein Vater kam 1961 aus Spanien und sprach kein Wort Deutsch. Diese Sprache eignete er sich vor allem durch das Lesen von Zeitungen und Büchern an sowie durch den Plausch mit Kollegen, Nachbarn und Freunden. Eine Sprachschule hat er nie besucht. In meiner Familie wurde Deutsch zur Kommunikation benutzt und das Spanische als Erziehungssprache ausgeklammert, so dass mein Bruder und ich einsprachig aufwuchsen, obwohl wir eigentlich die besten Voraussetzungen hatten. Die gängige Meinung war damals, dass Kinder die Sprache, die in der Umgebung gesprochen wurde, ausschließlich lernen sollten, also Deutsch. Mein Vater wollte unter allen Umständen vermeiden, dass seine Kinder ein fehlerhaftes Deutsch sprachen. Man glaubte außerdem noch, dass Kinder, die gleichzeitig mit zwei Sprachen aufwuchsen, damit überfordert sein müssten.

Mehrsprachigkeit als Chance

Was meine Eltern nicht wußten: uns Kindern wurde dadurch die Möglichkeit genommen, eine zweite Sprache einfach und spielerisch zu erwerben. Mehrsprachigkeit wurde damals nicht als Chance, sondern als Belastung verstanden. Die Folgen davon waren für meinen Bruder und mich gravierend. Wir konnten unsere Verwandten nicht verstehen und dadurch auch nicht richtig kennen lernen. Neue Freundschaften mit anderen spanischen Kindern zu bilden, war zwar nicht unmöglich, doch erschwerte die fehlende Sprache die Kommunikation und Missverständnisse gab es häufiger. Meine Mehrsprachigkeit musste ich mir später unter erschwerten Umständen erarbeiten.

Jede erlernte Sprache ist positiv!

Menschen, die als Migranten in unser Land kommen und hier leben und arbeiten, bringen nicht nur eine andere Kultur, persönliche Erfahrungen und Bildung mit, sondern auch ihre Sprache. Handelt es sich dabei nicht um Englisch, Französisch oder Spanisch, reagieren viele Menschen ablehnend. Denn einige Sprachen besitzen ein so genanntes negatives Sprachprestige; gerade außereuropäische Sprachen haben ein schlechtes Ansehen und damit verbunden wird die Meinung, dass diese Sprachen nutzlos seien. Diese Ansicht stimmt nicht. Denn jede Sprache, die bereits in frühester Kindheit erworben wurde, dient als Grundlage für das weitere Sprachenlernen. Mehrsprachigkeit ist ein Gewinn – für denjenigen, der die Sprachen und die dadurch erlernten Fähigkeiten zu nutzen weiß.

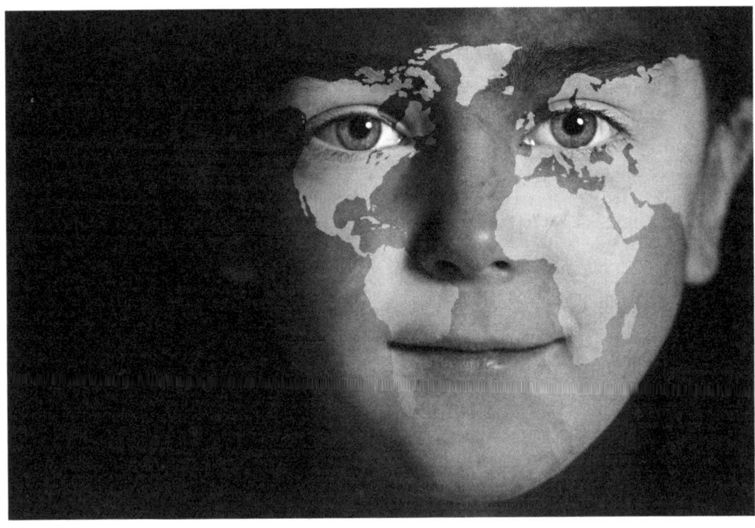

VORTEILE DER FRÜHEN MEHRSPRACHIGKEIT

Bilingual zu sein ist mehr, als zwei Sprachen zu verstehen und sprechen zu können. Es kann die Identität, die sozialen Kontakte, die Schulausbildung, das gesamte Arbeitsleben, eine Ehe, den Wohnort, das Reisen und sogar das gesamte Denken beeinflussen.

Kenntnisse von Lernstrategien

Hat ein Kind bereits eine andere europäische Sprache erworben, wird es beim Erlernen von englischen oder französischen Vokabeln Ähnlichkeiten feststellen. Durch die geistige Vernetzung des neuen Wissens mit dem alten werden neue Wörter leichter erlernt. Selbst wenn die Erstsprache eine außereuropäische Sprache ist, bringt das Kind Strategien mit, die ihm dienlich sein können: So weiß es, dass es nicht nötig ist, sämtliche Wörter eines Satzes zu verstehen, sondern es genügt, den Sinn einer Aussage zu erfassen.

Erleichtertes Lernen von weiteren Fremdsprachen

Diese Beobachtungen werden durch Ergebnisse aus der Hirnforschung unterstützt. Im Gehirn gibt es einen besonderen Bereich, der für die Sprachproduktion und die Verarbeitung von Sprache zuständig ist („Broca-Areal"). Bei neue Sprachen kommt es stark auf den Zeitpunkt an: Werden sie gleichzeitig erworben (zum Beispiel durch bilinguale Erziehung), so werden alle gelernten Sprachen in einem Netzwerk in diesem Areal verarbeitet. Findet der Spracherwerb später statt (vor allem nach dem 10. Lebensjahr), so werden verschiedene Netzwerke nebeneinander angelegt. Um nun darauf zugreifen zu können, müssen die Kinder, die diese Sprachen gleichzeitig gelernt haben, weniger Gehirnareale aktivieren als die anderen. Das spart Zeit und Energie. Außerdem können zwei- oder mehrsprachige Kinder sogar tatsächlich eine weitere Sprache (zum Beispiel in der Schule) in dieses vorhandene Netzwerk integrieren, während bei allen anderen Menschen wieder neue und separate Netzwerke angelegt werden.[17] Das ist ein riesiger Vorteil, denn dadurch werden Zeit und Ressourcen gespart. Meist „fliegen" solchen Kindern die Sprachen einfach zu.

In seinem Buch „Zweisprachigkeit zu Hause und in der Schule" listet der emeritierte Professor für mehrsprachige Erziehung Colin Baker fünf Bereiche auf, in denen sich eine frühe Mehrsprachigkeit positiv auswirken kann.[18] Im **kommunikativen** Bereich lässt sich dabei feststellen, dass mehrsprachige Menschen mit einem größeren Kreis von Menschen kommunizieren können als monolinguale. Kinder können neue Personen schneller und besser kennen lernen. Sprache dient hierbei als Brücke zwischen den Kulturen, oft auch zwischen Jung und Alt. Ist zudem ein Lese- und Schriftvermögen in beiden Sprachen vorhanden, erschließen sich die Sprachen in ihrer ganzen Tiefe mit Vokabular und Grammatik. Zusätzlich kann das Kind auch in zwei Literaturwelten eintauchen.

Sprache als Brücke für viele Kontakte

Multikulturalität und Zugang zum kulturellen Erbe

Das erweiterte Kommunikationsspektrum in den jeweiligen Familien führt vor allem innerhalb Migrationsfamilien zu einer größtmöglichen Nähe und Intimität, die es sonst nicht gäbe. Sie besitzen ein kommunikatives Gespür, gerade weil sie gelernt haben, sich mit den verschiedensten Menschen aus unterschiedlichen Kulturen zu unterhalten. Das erfordert eine hohe kommunikative Flexibilität.

Gespür für Sprache und Kommunikation

Im **kulturellen** Bereich lässt sich eine tiefe Multikulturalität bei Menschen feststellen, die mehrsprachig erzogen wurden. Sie haben Erfahrungen in mindestens zwei Sprachenwelten vorzuweisen, wodurch sie oft eine größere Toleranz kulturellen Unterschieden gegenüber mitbringen. Im globalen Sinne lässt sich dies als ein Beitrag zu weniger Rassismus und mehr Toleranz charakterisieren. Gleichzeitig bedeutet der Zugang zu zwei Erfahrungswelten vor allem den Eintritt zum jeweiligen kulturellen Erbe wie beispielsweise Sprichwörtern, Geschichten, Legenden oder Traditionen. Der monolinguale Mensch kann meist gar nicht tief genug in die andere Welt eindringen und sie verstehen; seine Sprachbarriere wird ihm immer früher oder später im Weg sein. Dies kann ich aus eigener Erfahrung bestätigen: Erst, als ich der spanischen Sprache mächtig war, konnte ich erkennen, wie unterschiedlich die Sicht der Menschen auf die Welt war und wodurch sie geprägt wurden.

Auch im **kognitiven** Sektor, also im Bereich des Denkens, lässt sich Positives feststellen. Menschen, die mehrsprachig sind, nutzen den strategischen Vorteil, der sich ihnen durch den Spracherwerb eröffnet. Weitere Sprachen können einfacher erlernt werden, da altes Wissen mit neuem vernetzt werden kann. Der Umgang mit Wissen wird kreativ gestaltet und Ressourcen geschont.[19] Bilinguale bringen Lernstrategien mit; so können sich mehrsprachige Menschen zum Beispiel besser auf eine Aufgabe konzentrieren. Störendes wird dabei ausgeblendet – wie eben eine Sprache, die gerade nicht zur Anwendung kommt, aber im Hintergrund mitschwingt.[20]

Bessere Vernetzung von Wissen und Mitbringen von Strategien

Mehrsprachige Kinder besitzen mithin ein hohes Maß an kognitiver Kontrolle, was ihnen eine Reihe von Vorteilen verschafft, wie Studien zeigen. Dadurch, dass die Kinder es gewohnt sind, immer eine Sprache zu blockieren, können sie diese Fähigkeit auch auf andere kognitive Aufgaben übertragen. Interessant ist dabei vor allem die Kontrolle der Aufmerksamkeit: sie lassen sich viel weniger ablenken als einsprachige Kinder.[21] Dies spricht für eine höhere Konzentrationsfähigkeit.

Höhere Aufmerksamkeit und Konzentration

Schutz vor Demenz

Neuere Studien gehen sogar Hinweisen nach, die besagen, dass Mehrsprachigkeit vor Demenz und Vergesslichkeit schützt. Die Amerikanische Akademie für Neurologie ANN veröffentlichte 2011 eine Studie luxemburgischer Wissenschaftler, die zeigte, dass Gedächtnisprobleme bei Menschen mit drei Sprachen dreimal seltener vorkamen als bei solchen mit zwei; bei Personen mit mehr als vier Sprachen kamen die Probleme sogar fünfmal seltener vor.[22] Auch Claudia Maria Riehl erwähnt Studien, die zeigen, dass Mehrsprachigkeit das Einsetzen einer Demenzerkrankung bis zu 4,5 Jahren verzögern kann. Erklärt wird dies damit, dass bilinguale Menschen geübt darin sind, ständig aufmerksam zu sein, um die Sprachen im richtigen Kontext anzuwenden. Voraussetzung ist, dass die Bilingualen eine hohe Sprachkompetenz aufweisen und regelmäßig zwischen den Sprachen hin und her springen.[23]

Gefestigte Identität und Selbstwertgefühl

Mehrsprachigkeit wirkt sich auch auf die **Persönlichkeit** aus. So sind mehrsprachige Menschen anderen Personen gegenüber meist offener und auch interessierter an anderen Kulturen, vergleichen und bewerten sie miteinander. Während Kinder in einem gewissen Alter ihre Identität noch suchen und dies häufig an der Sprache festmachen, die in ihrem Umfeld an meisten gesprochen wird, zeigen erwachsene Mehrsprachige eine höhere Identitätssicherheit, da sie gelernt haben, sich in mindestens zwei Kulturen zuhause zu fühlen. Oft ziehen sie das Beste aus der jeweiligen Kultur heraus und vereinigen diese Bestandteile für sich persönlich. Mehrsprachigkeit fördert ein gutes Selbstwertgefühl.

Wirtschaftliche und finanzielle Vorteile

Letztlich spielen auch die **wirtschaftlichen** und finanziellen Vorteile eine Rolle. Menschen, die mehrere Sprachen sprechen, können sie beruflich nutzen und haben damit potenziell gesehen die besseren Berufswahlmöglichkeiten, was sich oft finanziell widerspiegelt. Mehrsprachige werden in vielen Bereichen gebraucht, so zum Beispiel in der Tourismusbranche, im PR-Bereich, im IT-Sektor (Computerbranche), in der Wissenschaft und Lehre oder für internationale Hilfsprojekte sowie in global agierenden Unternehmen und Konzernen mit globaler Unternehmenskultur.

Claudia Maria Riehl listet einen weiteren, wichtigen Bereich auf, der durch die Bilingualität gefördert wird: den der **Kreativität**. Eine kreative Person hat originelle Ideen und Einfälle, die gleichzeitig zielgerichtet sind. Eine solche Kreativität lässt sich messen, wie Studien zeigen. Mehrsprachige sind demnach eindeutig kreativer, allerdings nur dann, wenn sie die Sprachen fließend sprechen können.[24]

Erhöhte Fantasie und Einfallsreichtum

ARTEN VON MEHRSPRACHIGER ERZIEHUNG

Mehrsprachige Erziehung kann in Deutschland innerhalb oder außerhalb der Familie geschehen, wobei es auch Modelle gibt, bei denen beides miteinander verknüpft wird. Der Erwerb einer anderen Sprache kann durch Umgang mit Gleichaltrigen oder gesteuert durch die Schule angeregt werden. Außerdem kann er gleichzeitig erfolgen (zum Beispiel beim bilingualen Erstsprachenerwerb) oder später, wenn das Kind älter oder bereits erwachsen ist.[25]

Für Sie als Leser dieses Ratgebers ist vor allem der gleichzeitige Erwerb von zwei Sprachen interessant, also wenn Kinder von klein auf gleichzeitig zwei Sprachen lernen. Viele Eltern, die ihre Kinder mehrsprachig erziehen wollen, sind unsicher, ob das Familienmodell, was sie ausgesucht haben das richtige ist. Dabei gibt es hier keinen Maßstab. Nach welchem Modell man erzieht, hängt von vielen verschiedenen Faktoren der Umgebung und der Familie selbst ab: Sind beide Eltern bilingual? Wohnt man in Deutschland

Suche nach dem richtigen Familienmodell

oder im Ausland? Lässt sich die andere Sprache problemlos in den Alltag integrieren? Welche Methode wende ich an? Um die richtige Entscheidung zu treffen, sollten Sie sich über die verschiedenen Möglichkeiten, die sich Ihnen als Eltern bieten, einen Überblick verschaffen.

Natürliche Zweisprachigkeit

Eine so genannte natürliche Zweisprachigkeit ergibt sich, wenn beispielsweise türkischstämmige Eltern mit ihren Kindern in ihrer Muttersprache reden, also Türkisch, aber in Deutschland leben. Heiratet ein Engländer eine Deutsche und erziehen beide ihre Kinder in ihrer Muttersprache, also Englisch und Deutsch, so ist auch dies eine Form von natürlicher Zweisprachigkeit innerhalb der Familie.

Intentionale Zweisprachigkeit

Anders sieht es aus, wenn deutsche Eltern ihr Kind in Französisch erziehen (oder auch nur einer von beiden). Hier handelt es sich um die Erziehung in einer Fremdsprache, auch intentionale Zweisprachigkeit genannt. Dabei redet mindestens ein Elternteil in einer Sprache, welche nicht seine Muttersprache ist, in der er aber eine hohe Kompetenz aufweist.

Mischformen

Eine Mischform aus beiden Modellen ergibt sich, wenn eine deutschsprachige Mutter und ein spanischsprachiger Vater beide zuhause auf Spanisch reden, zum Beispiel weil die Mutter diese Sprache ebenfalls gut beherrscht. Die Mutter hat hierbei unterschiedliche Möglichkeiten: So kann sie, wenn der Vater anwesend ist, auf Spanisch kommunizieren und zu Deutsch zurückkehren, wenn sie mit dem Kind allein ist. Oder aber sie bleibt in der Familiensprache.

In meinem Fall hat mein Vater uns ebenfalls intentional in der Fremdsprache Deutsch erzogen. Leider wohnten wir in Deutschland und nicht in Spanien, sonst wäre ich durch das Umfeld bilingual aufgewachsen.

Mehrsprachigkeit durch das Umfeld

Viele türkische Kinder in Deutschland wachsen zweisprachig auf, obwohl zuhause kein Deutsch gesprochen wird. Hierbei findet die bilinguale Erziehung durch das Umfeld, also außerhalb der Familie, statt. Leben die Eltern zweier unterschiedlicher Nationalitäten in einem anderen Land, so ergeben sich wiederum verschiedene Möglichkeiten. Dabei könnte ein Kind sogar trilingual aufwachsen, also dreisprachig werden, wenn die Eltern jeweils in ihren Muttersprachen sprechen würden und das Kind sich außerhalb der Familie durch Kindergarten und Schule noch eine dritte Sprache aneignet. Spricht der Vater hingegen auch die Umgebungssprache mit den Kindern, so wird das Kind bilingual.

Mehrsprachigkeit durch Bildungseinrichtungen

Aber auch monolinguale Eltern oder Eltern, die zwar mehrsprachig sind, sich jedoch nicht sicher genug in der Sprache fühlen, um ihr Kind darin zu erziehen, haben die Möglichkeit, ihr Kind mehrsprachig aufwachsen zu lassen. Liegt der Wohnort im Ausland, wird dies durch die Umgebungssprache sowie durch die Bildungseinrichtungen wie Kindergarten und Schule erreicht. Im Inland hingegen ist es wichtig, bilinguale Institutionen zu suchen, die es in den Großstädten bereits gibt: Sprachkurse für die Kleinsten, Spielgruppen, Kindergärten, Kitas oder bilinguale/binationale/internationale Schulen.

Mehrsprachige Erziehung kann auch ein Mix aus diesen Möglichkeiten sein, wenn zum Beispiel die natürliche oder die intentionale Zweisprachigkeit durch bilinguale Institutionen unterstützt wird. Meine erste Tochter haben mein Mann und ich bis zum fünften

Mischung der Möglichkeiten

Lebensjahr bilingual auf Deutsch und Spanisch erzogen, auch wenn ich selbst nicht zweisprachig aufgewachsen bin. Wir haben sehr darauf geachtet, beide Sprachen nach Sprechern zu trennen: So übernahmen mein Vater und ich den spanischen Part; mein Mann, meine Mutter und Freunde den deutschen Part. Durch die extrem frühe Geburt der zweiten Tochter und die sich daraus ergebende Probleme gab es an dieser Stelle einen Schnitt und ich musste dazu übergehen, mit meiner ersten Tochter auf Deutsch zu reden. Dadurch fand keine weitere Sprachentwicklung statt; das Spanische stagnierte und wurde lediglich durch Urlaube aktiviert.

Seit der 6. Klasse, sechs Jahre später, hat sie die Möglichkeit, auf diese Kenntnisse aufzubauen, da in ihrer Gesamtschule Spanisch angeboten wird. Hier hat sie einen Vorteil: Das Mündliche ist stark ausgeprägt. Da jedoch die gesamte Schriftsprache fehlt, wird sie hier wie ihre Klassenkameraden genauso lernen müssen. Sie kann aber durch dieses Angebot ihre schriftsprachliche Lücke schließen, was sehr wichtig für die umfassende Kenntnis der orthografischen, lexikalischen und grammatischen Regeln im Spanischen ist. An dem Beispiel zeigt sich, dass eine bilinguale Erziehung selten linear und gleichbleibend funktioniert. Die Dominanz der Sprachen kann sich im Verlauf des Lebens verschieben.[26]

Im Grunde kommt es darauf an, wie sicher sich die Eltern in einer Sprache fühlen und wie viele Sprachen sie in ihrer Familie zulassen möchten. Eltern sollten dabei unbedingt auf ihr Bauchgefühl, ihre Intuition, vertrauen und sich frühzeitig absprechen.

An dieser Stelle möchte ich die theoretischen Ausführungen beenden, denn dieses Buch soll vor allem ein praktisches Werk sein. Weiterführende Informationen zu theoretischem Grundwissen im Bereich mehrsprachiger Erziehung finden Sie im Anhang bei den Literaturtipps.

2. Praktische Tipps und Tricks

Eltern, die ihre Kinder zweisprachig erziehen möchten, wollen meist wenige theoretische Kenntnisse über Mehrsprachigkeit. Sie möchten vor allem Wissen darüber, wie sie eine bilinguale Erziehung am besten durchführen können, worauf sie achten sollten und wie es ihnen gelingt, den mehrsprachigen Alltag praktisch zu gestalten.

Die folgenden fünfzehn Tipps haben sich in der Praxis bewährt. Sie stammen aus meiner persönlichen Erfahrung sowie aus Ratgebern zum Thema, die ich im Anschluss in den Literaturangaben aufgelistet habe.

Seien Sie gut gerüstet

Sicher haben Sie schon einmal von Pilgern gehört, die sich auf den Weg nach Santiago de Compostela in Spanien oder nach Lourdes in Frankreich machen. Das deutsche Wort „Pilger“ stammt von dem Lateinischen „peregrinus“ (Fremdling) bzw. von „peregrinari“ („in der Fremde sein“).

Wenn Sie diesen Ratgeber lesen, fühlen auch Sie sich in gewisser Weise wie ein Fremder, der eine Reise in das unbekannte Land der bilingualen Erziehung antritt. Sie wissen nicht, was Sie erwartet und auch nicht, ob Ihr Unternehmen erfolgreich sein wird. Und ähnlich wie ein Pilger müssen Sie sich nun auf die Reise vorbereiten und benötigen das richtige Rüstzeug, um den Weg der Mehrsprachigkeit zu gehen.

Erinnerungkiste für den Weg zur Zweisprachigkeit

Stellen Sie sich vor, sie würden einen Rucksack, einen Koffer oder eine Kiste für diese Reise packen. Was bringen Sie alles bereits mit und was würden Sie zusätzlich mitnehmen? Denken Sie einmal daran, was Sie selbst benutzt haben auf Ihrem eigenen Weg der Zweisprachigkeit. Vielleicht haben Sie gewisse Erinnerungsstücke, an denen Sie hängen: Bilderbücher, Puppen, Kuscheltiere oder anderes Spielzeug. Diese Box können Sie dann bei Bedarf hervorholen: Zum Beispiel immer dann, wenn Sie nicht weiter kommen, wenn Sie etwas zum Spielen oder Lesen benötigen oder einfach nur zur Steigerung Ihrer Motivation.

Wenn Sie Ihr Kind zweisprachig erziehen wollen, müssen Sie natürlich über sehr gute Kenntnisse der Sprache verfügen, die Sie in die Familie einführen wollen. Das wird umso wichtiger, wenn Sie kein Muttersprachler sind (intentionaler Bilingualismus) oder

Sie sich auch als Muttersprachler unsicher in dieser Sprache fühlen und Sie in Ihrer Zweitsprache Defizite besitzen. An dieser Stelle müssen Sie sich bewusst sein, dass Sie diese Sprache in Zukunft besser pflegen und Sie sich weiter bilden müssen, zum Beispiel durch das Lesen von Zeitungen oder Büchern. Gerade wenn Sie ein Kind in dieser Sprache erziehen möchten, reicht das, was Sie bereits tun, vielleicht nicht mehr aus. Sie müssen verstärkt „in der Sprache drin bleiben". Machen Sie sich bewusst, dass die Kommunikation mit ihrem Kind nicht auf konkrete Fragen beschränkt bleibt, wenn es älter wird. Wenn es mit drei Jahren noch gefragt hat, warum die Sonne aufgeht, will es mit sechs oder sieben wissen, wie Regenbogenfarben entstehen oder noch später, was Protuberanzen sind. Dies sollten Sie mit den richtigen Vokabeln in der Sprache auch beantworten können. Sie sollten ein Sprachvorbild für Ihr Kind sein.

Sehr gute Sprachkenntnisse

Als Muttersprachler bringen Sie viele kulturelle Erfahrungen mit, die Sie nutzen können. Sie haben gelernt, mit Menschen aus diesem Sprachenkreis umzugehen und sind sich der kulturellen Gemeinsamkeiten wie auch der Unterschiede bewusst. Gerade die Unterschiede können Sie ihren Kindern adäquat vermitteln, in dem Sie Vergleiche ziehen. Je weiter die Kulturen auseinander liegen, um so größer sind meist die Unterschiede.

Kulturelle Erfahrungen

Kulturelle Erfahrungen sind nicht nur die Gepflogenheiten, miteinander umzugehen, sondern auch

- ***Essgewohnheiten*** – Welche Nahrungsmittel kommen auf den Tisch? Welche werden vermieden? Welche Gerichte werden gekocht? Wird gewartet, bis alle am Tisch sitzen?
- ***Gastfreundschaft*** – Wie und womit wird der Gast bewirtet? Wird ein Tisch speziell gedeckt?

» *Tänze und Musik* – Gibt es spezielle oder rituelle Tänze? Gibt es wichtige Instrumente? Welche musikalische Tradition hat das Zielsprachenland?
» *Feierlichkeiten* – Welches sind die wichtigsten religiösen Feiern? Was wird im Unterschied nicht gefeiert? Sind Geburtstage oder Namenstage von Bedeutung? Wie gestalten sich Hochzeiten oder Taufen?

Diese Liste lässt sich beliebig erweitern und soll an dieser Stelle nur ein Denkanstoß sein. Es ist wichtig, sich als Elternteil bewusst zu machen, wie reich der eigene Erfahrungsschatz bereits ist und was man davon an seine Kinder weiter geben will. Nicht-Muttersprachler sollten viel Zeit im Land und mit den Leuten verbringen, damit sie sich diese kulturellen Kenntnisse aneignen. Vielleicht sind diese nicht so umfassend, doch können auch sie genutzt werden.

Körpersprache: Gestik und Mimik

Eng verbunden mit den kulturellen Gepflogenheiten ist die typische Gestik und Mimik. Ich führe sie deshalb als eigenen Punkt auf, weil die nonverbale Kommunikation, so der Fachbegriff, auf der nichtsprachlichen Ebene abläuft. Sie bereichert die sprachliche Verständigung, kann jedoch auch behindern, wenn sie nicht richtig eingesetzt wird. Dieser Aspekt spielt vor allem dann eine Rolle, je weiter die beiden Sprachen der Familie voneinander entfernt sind. So gibt es gleiche Gesten, die kulturspezifisch das Gegenteil aussagen. Andere Gesten wiederum sind in dem einen Land neutral, werden aber in einem anderen Land als negativ angesehen.

Kinder erlernen Gestik und Mimik automatisch durch ihre Eltern und im Umgang mit anderen Sprechern der Sprache. Für Nicht-Muttersprachler ist es schwerer, eine andere Sprache gleichzeitig mit typischen Handbewegungen und Gesichtsausdrücken zu untermauern. Dies gelingt meist erst bei einem längeren Sprachaufenthalt. Als Nicht-Muttersprachler sollte man sein Augenmerk auf diese nonverbalen Elemente einer Sprache richten. So können sich sogar Tonlage und Stimme verändern, wenn man in der Fremdsprache kommuniziert und dadurch wie eine andere Person wirkt.

Methode

Die Themen Methodenwahl und Konsequenz sind ebenfalls Bestandteile des Rüstzeugs für den Weg zur Mehrsprachigkeit. So ist die Wahl der Methode, nach welcher man die zusätzliche Sprache in seiner Familie zulässt und seine Kinder erzieht, von wesentlicher Bedeutung für den Erfolg. Genauer gehe ich darauf nochmal in *Tipp 2* ein. *Tipp 6* hingegen erläutert, wie sich die Konsequenz der Eltern beim Sprachensprechen auswirkt.

Ratgeber

Packen Sie auch einen oder mehrere Ratgeber zur bilingualen Erziehung in Ihren Rucksack. Im Anhang finden Sie Nachschlagewerke für die sprachliche Erziehung Ihrer Kinder und Lösungsmöglichkeiten, sollten Probleme auftauchen. Im Literaturverzeichnis dieses Buches finden Sie auch Ratgeber in verschiedenen Sprachen, falls Sie oder Ihr Partner diese lieber in ihrer Muttersprache nachlesen möchten.

Reime und Gedichte

Denken Sie einmal an Ihre eigene Kindheit zurück. Waren da nicht auch Reime und Gedichte Bestandteil der sprachlichen Erziehung? Kramen Sie ein wenig in Ihrem Gedächtnis und fördern Sie alle lustigen Reime und Gedichte zu Tage. Kinder lieben es, mit Sprache zu spielen. Der Wiedererkennungswert von Reimwörtern schafft Sicherheit und Kreativität: Reimen Sie in Kette oder mit Quatschwörtern, erfinden Sie neue Reimspiele. Zum Beispiel im Spanischen: una caracatrepa con caracatrépitos oder superkalifragilistisch expialigetisch ... Dadurch wird der Wortschatz erweitert. Selbst Wörter ohne Sinn („Quatschwörter") sind wichtig, weil sie das Lautverständnis schulen. Auch Fingerspiele gehören dazu. Durch die Kombination von Wörtern mit Bewegung werden zwei Sinne miteinander verknüpft und das Gehörte lässt sich besser im Gedächtnis verankern. Ähnlich sind Auszählreime zu sehen und auch Sprichwörter gehören dazu. Sie bieten außerdem wichtiges kulturelles Hintergrundwissen.

Lieder

Kinderlieder sind eine erweiterte Form von Reimen und Gedichten. Da sie mit Musik kombiniert werden, sprechen sie kindliche Emotionen besonders an. Auch sie gehören ins Gepäck. Singen Sie viel mit Ihren Kindern und kaufen Sie CDs mit Kinderliedern in Ihrer Sprache, die sie zum Beispiel auf Autofahrten hören können. Kombinieren Sie Lieder mit ***Bewegungsspielen***, in dem Sie pantomimisch das Gesungene mit Händen, Armen oder Füßen nachstellen. So bleiben die Lieder besser haften. Mehr hierzu in *Tipp 8*.

Bücher

In den Rucksack gehören natürlich vor allem bilinguale und einsprachige Bilder-, Kinder- und Jugendbücher (siehe auch *Tipp 9*). Dabei sollten Sie darauf achten, dass sie Themen beinhalten, für die sich Ihre Kinder gerade interessieren. Ein Buch über Technik wird eine Pferde-Närrin im Moment nicht gerade begeistern! Einsprachige Bücher erhalten Sie meist im Zielsprachenland. ***Bilinguale*** Bücher können Sie gut in Deutschland erwerben. Im Anhang finden sich einige Verlage, die auch im Netzwerk Mehrsprachigkeit aktiv sind, ein Zusammenschluss von bilingualen Autoren und Verlagen. Hier können Sie ausreichend stöbern.

Widmen Sie den Medien Ihre Aufmerksamkeit. Aus der Fülle der Angebote gilt es zu wählen, was richtig und gut für die sprachliche Erziehung Ihrer Kinder ist. Das ***Fernsehen*** bietet heutzutage ein reichhaltiges fremdsprachiges Programm. ***Videos, DVDs*** und ***Blu-ray Discs*** sind sogar noch besser geeignet, da diese in angemessenen Portionen gezeigt werden können. Gezielt können Sie die richtigen Sendungen auswählen. Viele DVDs werden mit mehreren Sprachversionen geliefert, die Sie nutzen können. Bringen Sie aus Ihrem Urlaub DVDs und auch ***CDs*** mit Märchen oder Hörpiele mit! Auf ***Tablet-PCs*** oder ***Smartphones*** lassen sich Apps in der Zielsprache herunterladen, mit denen Ihre Kinder je nach Alter Vokabeln trainieren oder sich fremdsprachige Bildergeschichten ansehen können. Selbst wenn Kinder gerade Tablets einfach nutzen können, begleiten Sie Ihre Kinder beim Umgang mit Inhalten aus dem Internet. Genaueres hierzu lesen Sie in *Tipp 10*.

Medien

Packen Sie Spiele in den Rucksack (*Tipp 11*). Viele Spiele sind universal und lassen sich in allen Sprachen spielen. Mit Hilfe von ***Memory*** erlernen die Kinder Vokabeln, mit ***Uno*** Zahlen und Farben. Die Augenzahl der Würfel und das Zählen trainieren die Kinder mit ***Mensch-ärgere-dich-nicht***. Spielen Sie mit ***Puppen***, Tieren vom ***Bauernhof*** oder mit dem ***Einkaufsladen*** und üben Sie so mit den Kindern spezifische Situationen. Welche Geräusche machen die französischen Tiere auf dem Bauernhof? Wie wiegt man eine spanische Puppe in den Schlaf? Und wie und was wird in der Türkei eingekauft?

Spiele

Stärken Sie Ihre Kontakte zu anderen Muttersprachlern. Versuchen Sie, diese beizubehalten, forcieren Sie die Begegnungen durch Besuche oder Telefonate. Knüpfen Sie neue Kontakte, am besten zu anderen Familien mit kleinen Kindern. Sollte das schwierig sein, so suchen oder gründen Sie eine ***fremdsprachige Krabbel- oder Spielgruppe*** in ihrer Umgebung. Besuchen Sie

Kontakte zu Muttersprachlern

Feste, auf denen Sie mit Gleichgesinnten zusammen treffen. Für die Kinder, die eine zusätzliche Sprache erlernen, ist nichts so wichtig wie ein zusätzliches Umfeld, in dem sie fremdsprachig sprechen, denken und handeln können. Lesen Sie dazu *Tipp 13*.

Aufenthalte im Ausland

Auslandsaufenthalte bewirken enorme Sprachschübe (ebenfalls *Tipp 13*). Unterstützen Sie das Spiel mit einheimischen Kindern. Hemmungen, die Sprache zu sprechen, werden abgelegt und neue Wörter und kulturelle Besonderheiten äußerst schnell erworben. Hier wird all das Wissen angewandt, das die Kinder bereits mitbringen. Forcieren Sie also gerade Urlaube in den Zielsprachenländern oder besuchen die Freunde und Verwandte dort.

Zeit

Das Thema Zeit ist ebenfalls von großer Wichtigkeit. Investieren Sie viel Zeit in die bilinguale Erziehung Ihrer Kinder. Eltern mit chronischem Zeitmangel werden feststellen, dass sich dies negativ auf die Sprachentwicklung ihrer Kinder auswirkt, denn wer nicht spielt, singt oder vorliest, bietet kaum Kommunikationsanlässe. Gerade wenn Sie Nicht-Muttersprachler sind, ist Zeit besonders wichtig, müssen Sie doch noch viel in die eigene Sprachpraxis und Ihre Weiterbildung investieren.

! Durch das richtige Rüstzeug motivieren und ermutigen Sie die Kinder, die andere Sprache anzuwenden. Meist ist die Umgebungssprache dominant. Das ist die Sprache, die in Kindergarten, Schule und unter Freunden gesprochen wird. Als Eltern müssen Sie also verstärkte Sprachanreize schaffen. Wenn Sie sich jedoch bewusst machen, welche Möglichkeiten Sie besitzen, so bieten Sie Ihren Kinder dadurch vielfältige Kommunikationsanlässe.

Wählen Sie die richtige Methode

Tipp 2

Die Wahl der richtigen Methode ist mitentscheidend für den Erfolg Ihres Projekts. Sie ist jedoch abhängig von der jeweiligen Familiensituation. Was für die eine Familie richtig erscheint, mag für eine andere nicht zutreffen.

OPOL-Prinzip: Eine Person – eine Sprache

Die bekannteste und vielversprechendste Methode ist das OPOL-Prinzip („One person, one language" – Eine Person, eine Sprache). Es wurde 1913 von Jules Ronjat entwickelt, der als erster Wissenschaftler den frühkindlichen Bilingualismus untersucht hatte. Bekannt wurde es auch als Grammont-Prinzip. Dabei spricht jedes Elternteil konsequent in einer Sprache, meist der eigenen Muttersprache. Das OPOL-Prinzip wurde bereits vielfach erfolgreich angewandt und ist, auch aus meiner eigenen Erfahrung heraus, am leichtesten durchzuhalten.[27] Für Kinder bietet es die beste Orientierung, weil die verschiedenen Sprachen an einen Sprecher gebunden sind. Ein Wechsel der Sprachen durch den Wechsel der Personen ist für Kinder besser nachvollziehbar und verständlich. Einen weiteren Vorteil formuliert Claudia Maria Riehl: Wenn die Eltern jeweils in ihrer Muttersprache sprechen, so drücken sie damit gleichzeitig ihre Verbundenheit zu dieser Sprache aus. Sie stehen zu ihr, was das Ansehen dieser Sprache stärkt.[28]

Situationsbedingte Kommunikation

Die situationsbedingte Kommunikation kann sinnvoll sein, wenn Eltern beispielsweise durch ihren Beruf nicht immer anwesend sind. Dieses Prinzip ist vielfältig und lässt sich ganz individuell auf die persönliche Familiensituation zuschneiden. So kann man vereinbaren, dass man erst die Sprache des Vaters spricht, wenn dieser auch zuhause ist. Oder man einigt sich auf bestimmte Tage (z.B. Wochenende): Dies kann sinnvoll sein, wenn der Vater auf Montage und nur am Wochenende zuhause ist. Dann wird eben an diesen beiden Tagen komplett in dieser anderen Sprache gesprochen. Man kann auch vereinbaren, dass nur zum Abendessen, wenn alle Familienmitglieder anwesend sind, in der Fremdsprache kommuniziert wird. Oder grundsätzlich nur beim Essen. Oder nur beim Spielen.

Interessant ist, dass eine zeitlich begrenzte Methode funktionieren kann. So beschrieben in einer Fallstudie von Al Past, der Mitte der 1970er Jahre seine Tochter bilingual Spanisch-Englisch erzog. Dabei wurde in der Familie täglich nur etwa eine bis anderthalb Stunden Spanisch gesprochen, ansonsten Englisch. Dennoch entwickelte sich die Tochter zweisprachig, weil sie zusätzlich einen spanischsprachigen Kindergarten besuchte.

Familien- und Umgebungssprache

Eine beliebte Variante ist das Prinzip Familiensprache – Umgebungssprache. Dabei spricht man grundsätzlich innerhalb der Familie die fremde Sprache, außerhalb davon jedoch die Umgebungssprache (hier: Deutsch). Dies kann dann sinnvoll sein, wenn alle Familienmitglieder die fremde Sprache perfekt beherrschen.

Vielleicht werden Sie feststellen, dass Sie eine Methode gewählt haben, bei der Sie sich unwohl fühlen. Oder Sie bemerken, dass das, was vorher noch gepasst hatte, plötzlich nicht mehr funktioniert. Vielleicht hat sich etwas in Ihrer Familie verändert. Dann probieren Sie etwas Neues aus. Wichtig ist, dass Sie sich wohlfühlen mit dem, was sie tun. Bilinguale Erziehung sollte sich in einem positiven Umfeld entfalten.

Zusammenfassend lässt sich sagen, dass es nicht einen einzigen richtigen Weg gibt.[30] Es gibt nur einen persönlichen Weg, der zu Ihrer eigenen Familie passt und den Sie für sich allein heraus finden müssen.

Bereiten Sie Ihr Umfeld auf Ihre mehrsprachige Familie vor

Im ersten Moment sind Sie nun vielleicht erstaunt, denn was interessiert es Freunde und Verwandte, ob Sie Ihr Kind in zwei oder mehr Sprachen erziehen? Das soziale Umfeld ist wichtiger, als man vermutet.

Für die Einschätzung des Umfelds kommt es darauf an, ob die Menschen, mit denen sie häufig zu tun haben, selbst mehrsprachig sind oder nicht. Mehrsprachige Freunde und Verwandte stehen einer bilingualen Erziehung meist aufgeschlossener gegenüber als Menschen, sie selbst nur eine Sprache beherrschen. Sie verstehen eher die Probleme und können Sie und Ihr Kind motivieren, den Weg konsequent zu verfolgen. Sie bieten sich häufig als Gesprächs- und Spielepartner an und sind so als ein weiterer positiver Faktor für die bilinguale Erziehung zu sehen.

Verwandte und Nachbarn

Ist Ihr Umfeld einsprachig, so sollten Sie zukünftige Großeltern, Onkel und Tanten sowie Nachbarn darauf vorbereiten, dass Sie mit Ihrem Kind in einer Sprache sprechen werden, die diese vielleicht nicht verstehen. Akzeptanz und Verständnis wecken Sie durch einen offenen Umgang mit dem Wunsch, Ihr Kind zweisprachig erziehen zu wollen.[31] Betonen Sie dabei, dass Sie nicht unhöflich erscheinen möchten, es aber wichtig für Ihr Kind ist, wenn sich Mutter oder Vater konsequent in einer Sprache an das Kind richten. Auf diese Weise sensibilisieren Sie Verwandte und Freunde schon im Vorfeld und schaffen Verständnis für Ihre Interessen.

(Ehe-)Partner

Auch Ihr Partner ist wichtig. Sprechen Sie beide neben Deutsch auch die andere Sprache, so dürfte es kaum Probleme geben. Anders sieht es aus, wenn Sie die fremde Sprache beherrschen, Ihr Partner jedoch nicht, wie es häufig in einer binationalen Ehe der Fall ist. Am Anfang mag dies noch nicht so gravierend sein. Nehmen die Situationen, in denen eine beidseitige Kommunikation zwischen Ihnen und Ihrem Kind stattfindet, zu, kann sich Ihr Partner schnell verdrängt vorkommen. Stellen Sie sich einmal vor, Sie lachen mit Ihrem Kind über einen Witz, den Ihr Partner nicht versteht: Schnell kann es da passieren, dass sich Ihr Partner aus der Familie ausgeschlossen fühlt. Am schwierigsten sind erzieherische Konflikte, bei denen Sie und Ihr Partner unterschiedliche Meinungen über den Erziehungsstil haben und die eventuell sogar kulturell begründet sind. All dies kann zu erheblichen Missverständnissen und Problemen zwischen Ihnen und Ihrem Partner führen und plötzlich türmen sich Probleme auf, die beim Wunsch, bilingual zu erziehen, noch gar nicht abzusehen waren.

An dieser Stelle kann eine Lösungsmöglichkeit sein, dass Ihr Partner zumindest die Grundkenntnisse Ihrer Sprache erlernt, um sich nicht ganz ausgeschlossen zu fühlen.[32] Der Vorteil dabei ist, dass er sich bei Urlauben in Ihrem Heimatland auch unabhängig von Ihnen bewegen und kommunizieren kann. In meinem Fall war es so, dass Ehepartner und Großmutter von der zweisprachigen Erziehung meines Kindes profitierten.

Eine andere Möglichkeit ist, wenn Sie das Gesagte noch einmal auf Deutsch wiederholen und zusammenfassen, damit auch Partner, Verwandte oder Freunde am Gespräch teilnehmen können. Allerdings wirkt diese Methode mit der Zeit immer weniger praktikabel.

Vorurteile zur Zweisprachigkeit

Wenn Sie kein Muttersprachler sind und Ihr Kind dennoch bilingual erziehen, begegnen Sie möglicherweise Menschen, die dieser Art von Erziehung ablehnend gegenüber stehen. Prüfen Sie sachlich die Kritikpunkte, doch sollten Sie sich nicht verunsichern oder demotivieren lassen. Ebenso sollten Sie der Furcht vor falschen Entscheidungen sachlich begegnen. Sammeln Sie Argumente, warum Sie Ihr Kind in einer anderen Sprache erziehen möchten und verweisen Sie auf positive Beispiele in diesem Bereich (siehe Kapitel 3). Die pauschale Ablehnung Ihrer Erziehungsmethode liegt oft darin begründet, dass die Menschen zu wenig eigene Erfahrungen mit Zweisprachigkeit haben. Oft beziehen sie sich gar nicht einmal auf echte Studien.

Aus diesem Grund ist es wichtig, Freunde und Verwandte zu informieren und zu sensibilisieren, damit sie Sie unterstützen. Hilfreich ist es, Ratgeber zum Thema zweisprachige Erziehung zu lesen, welche Ihnen Gegenargumente liefern.[33] Im Anhang finden Sie daher eine Liste mit Handbüchern zum Thema in acht verschiedenen Sprachen.

Lassen Sie Ihr Kind in Sprache baden

Immersion: Eintauchen in die Sprachenwelt

Der Begriff „Sprachbad“ ist schon recht alt. In den 1960er Jahren wurde in Kanada der Versuch unternommen, Kindern eine neue Sprache nicht als Fremdsprache beizubringen, sondern sie sollten sie als Zweitsprache erwerben. Worin liegt der Unterschied? Erlernen Kinder eine Fremdsprache, dann läuft es so, wie wir es aus der Schule kennen: Grammatik und Vokabeln werden gepaukt. Der Erfolg ist oft mäßig. Anders verhält es sich bei einer Zweitsprache. Hier werden die Lernstrategien genutzt, die bereits beim Erwerb der Muttersprache Anwendung fanden: die Kinder tauchen praktisch in eine Sprachenwelt ein. Deutlich wird dies bei Kindern von Zugewanderten, die hier in den Kindergarten und in die Schule gehen. Sie erlernen die zweite Sprache nicht dadurch, dass sie Vokabeln pauken, sie erwerben sie nebenbei und spielerisch, indem sie handeln. Die Vernetzung beim Erwerb der Zweitsprache erfolgt also wie bei der Muttersprache.

In der Fachsprache wird dies „Immersion“ genannt, was „Eintauchen“ bedeutet. Im Jahre 1987 wurde das Sprachbad erfolgreich in finnischen Kindergärten mit der Sprache Schwedisch eingeführt; das Projekt wurde wissenschaftlich begleitet. Man stellte fest, dass Kinder Lernstrategien entwickelten und sie auch keine Hemmungen hatten, die Sprache anzuwenden, auch später nicht, als das Projekt bereits beendet war. Statt jedes Wort zu verstehen waren die Kinder in der Lage, in Kontexten zu denken; sie verstanden also den Sinn einer Aussage. Mittlerweile gibt es Immersionsprogramme auf der ganzen Welt.[34]

Durch Sprachbäder wird eine andere Sprache funktional, also zweckgebunden genutzt. Grammatik und Vokabeln werden nicht erlernt, sondern durch Handeln erworben. Das passiert auf einer ähnlichen Ebene wie das Erwerben der Muttersprache. Wird es in Kindergärten oder Schulen angewandt, so finden sich zum Beispiel zwei Erzieherinnen dort, von denen die eine Deutsch und die andere die Fremdsprache mit den Kindern spricht. Das Kind taucht so in die Sprache ein und „badet" darin.

Spracherwerb durch Handeln

Die Idee dazu, Kindern in Kindergarten und Schule mit Hilfe eines Sprachbads eine andere Sprache spielerisch zu vermitteln, stammt ursprünglich aus der Familie. In der Familie ist also das klassische Sprachbad zu finden; das sollten sich Eltern, die ihr Kind zweisprachig erziehen, immer wieder klarmachen. Kinder haben oft nicht viele Möglichkeiten, die Sprache ihrer Eltern in verschiedenen Situationen zu hören, zu sprechen und in ihr zu handeln. Deshalb sollte jede Möglichkeit, die sich Eltern bietet, wahrgenommen werden.

Sprachbäder in der Familie

Gehen Sie bewusst mit Ihrer Sprache um und setzen Sie sie gezielt in der Familie ein, damit ein Sprachbad für Ihr Kind zustande kommt. Nutzen Sie bei jeder Gelegenheit sämtliche Möglichkeiten, die sich Ihnen bieten, auch außerhalb der Familie. Lassen Sie Ihrem Kind täglich das Badewasser ein und packen Sie das Bade-(Rüst)zeug aus Ihrem Rucksack aus, damit es ganz in diese Sprache eintauchen kann.

Schaffen Sie Sprachinseln

Der Begriff „Sprachinsel“ stammt eigentlich aus der Sprachwissenschaft. Er bezeichnet ursprünglich eine kleinere, geschlossene Sprachgemeinschaft innerhalb eines größeren, anderen Sprachgebiets. Ein Beispiel dafür in Deutschland ist das Sorbische, eine westslawische Sprache, die noch immer in Brandenburg und Sachsen gesprochen wird. In den USA und Kanada hingegen leben die deutschstämmigen Mennoniten, die Hutterer oder die Amish-People, die heute noch ein altertümliches Deutsch miteinander sprechen.

Im Bereich der Mehrsprachigkeit sprach die Sprachwissenschaftlerin Elke Montanari als Erste von der Schaffung von Inseln als Gelegenheiten im Alltag, um immer wieder eine Sprache aufzugreifen.[35] In meinem Buch «Mut zur Mehrsprachigkeit» habe ich diese Metapher aufgegriffen und zu „Sprachinseln“ weiter entwickelt.[36]

Stellen Sie sich vor, Sie lebten auf einer Insel im Meer, einer bilingualen Sprachinsel. Um Sie herum befinden sich in unmittelbarer Nähe viele kleine Inseln, die Sie bequem mit dem Boot erreichen können. Es sind alles Sprachinseln, auf denen Sie die unterschiedlichen Sprachlernmöglichkeiten, die sich Ihnen und Ihrem Kind bieten, ausschöpfen können.

Sprachinseln als Sprachlernmöglichkeiten

Sie als Eltern fungieren dabei als Kapitän und Navigator sowie vor allem als Gestalter der Inseln. So gibt es eine Medieninsel, eine Spieleinsel, eine Insel der Kontakte oder eine Bücherinsel.

Eltern als Kapitän und Gestalter

Sie als Eltern entscheiden, wann und wie lange die Kinder Zeit auf dem Eiland verbringen dürfen. Sie bereiten die Inseln vor und schaffen zum Beispiel Kontakte zu anderen Kindern und Personen, die die Zielsprache sprechen, her. Sie bestellen Bücher in der Zielsprache oder auch bilinguale Kinderbücher. Sie erkundigen sich nach typischen Spielen, die Sie bereit stellen. Sie fungieren dabei auch als Lese- oder Spielpartner oder schaffen zumindest die Möglichkeit, dass Ihr Kind andere Spielpartner bekommt. Sie lassen Ihr Kind DVDs oder CDs in der anderen Sprache sehen, die Sie vorher ausgewählt und besorgt haben.

Medien, Spiele, Kontakte, Bücher

Sprachinseln sollten einen festen Platz im Familienleben haben und regelmäßig nach einem festen Plan angesteuert werden. Außerdem sollten sie abwechslungsreich sein, da sie dann die Kinder zum Sprachenlernen und Anwenden anregen. Wie das genau geht, erfahren Sie, wenn Sie weiter lesen.

Regelmäßige Besuche der einzelnen Sprachinseln

Seien Sie konsequent und mischen Sie die Sprachen nicht

Die bilinguale Erziehung war und ist Bestandteil von Untersuchungen und Forschungen. Viele Sprachwissenschaftler haben dieses Phänomen untersucht und dabei festgestellt, dass die besten Erfolge mit Konsequenz erzielt werden. Nun ist es mit der Konsequenz bei der Erziehung manchmal recht schwierig. Zwar wissen wir, dass Konsequenz letztlich die Lösung ist, wenn wir bei Kindern etwas erreichen möchten. Andererseits ist es auch sehr anstrengend, permanent prinzipientreu zu sein. Oft möchte man aus Zeitmangel oder Bequemlichkeit eine Ausnahme machen.

Ziel immer im Blick: Zweisprachigkeit der Kinder

Was ist nun mit Konsequenz bei der bilingualen Erziehung gemeint? Stellen Sie sich vor, Ihr Ziel ist es, einen Berg zu erklimmen. Sie erreichen den Gipfel am besten, wenn Sie nicht permanent stehen bleiben, sondern wenn sie diesen immer im Blick haben und unbeirrt vorwärts gehen. Ihr persönliches Ziel ist der Sprachengipfel.

Schönheit Ihrer Sprache zeigen: Lieder, Gedichte, Geschichten

Wenn Sie erreichen möchten, dass Ihr Kind eines Tages Ihre Muttersprache spricht, so zeigen Sie Ihrem Kind die Schönheit Ihrer Sprache. Was bietet Ihnen Ihre Muttersprache? Was bedeutet Ihnen Ihre Sprache? Welche Vorteile gibt es, wenn Ihr Kind in dieser Sprache kommuniziert? Bei vielen europäischen Sprachen ist dies leicht: Englisch, Spanisch oder Französisch werden allgemein anerkannt und sind sogar Schulsprachen. Außereuropäische Sprachen haben es schon schwerer. Hier sind es meist die

Familienbande, die angeführt werden. Es ist jedoch sehr wichtig, dass Ihr Kind lernt, Ihre Sprache zu akzeptieren und sie zu vertreten. Akzeptiert Ihr Kind die Sprache nicht, kommt es möglicherweise zu einer Sprachverweigerung: Das Kind spricht die Sprache nicht, vor allem nicht in der Umgebung und antwortet nur auf Deutsch. Wenn Sie ihm jedoch die Schönheit der Sprache mit Hilfe von Liedern, Gedichten und Geschichten vor Augen führen, so lernt es, diese Sprache zu lieben. Ihr Kind muss einen Sinn darin sehen, warum es diese Sprache sprechen soll.

Die Schönheit von Sprache ist facettenreich und lässt sich in verschiedenen Gestalten erleben. Sie definiert sich zum Beispiel über die vielen Synonyme (sinnverwandte Wörter) für ein und denselben Gegenstand, im Lautmalerischen und in der Melodie. Sie zeigt sich darin, wie man zwischen den Zeilen lesen kann, indem man lernt, nicht nur auf die Worte zu hören, sondern auch auf den Kontext (Zusammenhang), in dem Sätze gesagt werden. Schönheit äußert sich in dem mannigfaltigen Gebrauch von Sprache: Befehlsformen („Setz deine Mütze auf!") lösen sich ab mit zärtlichen Bekundungen („Ich liebe dich!"), Kraftausdrücken („So ein Mist!"), Fragen („Was ist los?") bis hin zu metaphorischen Ausdrücken („Mein Schatz!"). Eltern müssen diesen Mix an Sprache vermitteln; erst dann wird sie lebendig angewandt. Sprache zeigt sich in vielen Gesichtern. Sie ist nicht nur dazu da, um miteinander zu kommunizieren, sondern auch, um die Seele zu streicheln, welches sie in ihrer höchsten Form, der Literatur, beweist.

Konsequentes Sprechen in jeder Minute

Aus diesem Grund ist Folgendes wichtig: Sprechen Sie konsequent Ihre Sprache, auch wenn das Kind auf Deutsch antwortet. Aus eigener Erfahrung weiß ich, dass dies oft sehr schwer ist. Es gibt immer genug Anlässe, bei denen es leichter, bequemer, schneller oder angenehmer ist, im Deutschen zu bleiben. Ihrem Kind und seiner Sprachentwicklung tun sie jedoch damit keinen Gefallen. Bedenken Sie: Sie haben nur eine begrenzte Zeitspanne, in der Sie mit Ihrem Kind in Ihrer Muttersprache kommunizieren können. Da sollten Sie jede Minute auskosten. Wenn Sie jedoch einmal den Weg der Bequemlichkeit gehen, so fallen Sie immer öfter darauf zurück und die Sprachevolution des Kindes stagniert oder nimmt ab. Denn das Kind lernt, dass es nicht wichtig ist, in welcher Sprache es sich an Sie richtet.

Sprache beibehalten

Vor allem sollten Sie versuchen, gerade in den ersten Lebensjahren des Kindes die Sprachen nicht zu wechseln und beliebig auszutauschen oder gar zu mischen. Fangen Sie nicht einen Satz in Deutsch an, um dann in Ihrer Heimatsprache weiter zu sprechen. Das könnte Kinder desorientieren, da sie nicht wissen, welches nun die Sprache ist, in der Sie sich an Sie als Eltern wenden sollen. Es ist gerade für kleine Kinder leichter, genaue Zuordnungen machen zu können: Mit Papa spreche ich türkisch, mit Mama deutsch, mit der Erzieherin englisch. Eine genaue Zuordnung gibt Kindern Sicherheit, ein permanenter Wechsel stiftet Verwirrung. „Sprachmischungen stellen falsche sprachliche Anregungen dar (…)“, schreibt die Sprachtherapeutin und Lehrerin Vassilia Triarchi-Herrmann.[37] Bleiben Sie also bei einer Sprache.

Gutes Sprachvorbild: Deutlich, einfach, genau sprechen

Dies gilt besonders in den ersten sechs Lebensjahren, bis die Sprachentwicklung eines Kindes weitestgehend abgeschlossen ist.[38] Daher sollten Sie in den ersten Jahren ein gutes Sprachvorbild für Ihre Kinder sein. In dieser Zeit etabliert und verfestigt sich die andere Sprache im Kind. Reden Sie daher deutlich und vermeiden Sie es, zu nuscheln. Sprechen Sie einfache, aber vollständige Sätze. Benutzen Sie zum Beispiel nicht nur das Wort „Ball“, wenn Sie einen in der Hand haben und mit ihrem Kind spielen. Es gibt Softbälle, Lederbälle oder Fußbälle. Eine Blume kann zum Beispiel eine Rose, eine Kornblume, eine Orchidee sein. Seien Sie genauer in ihren Beschreibungen. Benutzen Sie auch verschiedene Wörter (Synonyme) für ein und dieselbe Sache. Wenn Blumen blühen, so sprießen sie, oder sie knospen, Bäume schlagen aus und stehen in voller Blüte oder haben beziehungsweise tragen gerade Blüten. Und einen Lkw können Sie zwischendurch auch Lastwagen, Laster, Lastkraftwagen, Brummi oder Kipper nennen. Suchen Sie also Synonyme in ihrer Sprache. Nur so kann Ihr Kind sprachgewandt werden.

Aussprechen lassen

Lassen Sie Ihr Kind aussprechen und unterbrechen Sie es nicht, wenn es spricht, damit es lernt, vollständige Sätze zu artikulieren. Achten Sie auch darauf, dass es beim Sprechen keinen Schnuller trägt und keinen Daumen im Mund hat. Abgesehen davon, dass beides schlecht für Kiefer und Zähne ist, ist es auch nicht förderlich für eine deutliche Aussprache.

In der Sprache sprechen, in der Sie sich sicher fühlen

Im Gegensatz zu früheren Empfehlungen, die vor zwanzig oder dreißig Jahren gegeben wurden, sollten Sie wenn Sie Ihr Kind erziehen, lieber in Ihrer Muttersprache bleiben, als eine Fremdsprache (in diesem Fall Deutsch) fehlerhaft zu sprechen. In Ihrer Muttersprache fühlen Sie sich sicher, sie erfolgt spontan und automatisch richtig. Dies gilt besonders für jene, die die Umgebungssprache nicht gut beherrschen. Wenn Sie bilingual aufgewachsen sind und beide Sprachen fließend sprechen, so sollten Sie sich erst einmal für eine Sprache entscheiden. Die meisten Eltern nehmen die Sprache, die ihre Herzenssprache ist. Das erkennt man am Bauchgefühl: In dieser Sprache fühle ich mich wohl, wenn ich mit meinem Kind spreche. Wenn Sie in einer Fremdsprache erziehen (intentionale Zweisprachigkeit) sollten Sie wirklich hervorragende Kenntnisse mitbringen, mit dieser Sprache permanent in Kontakt sein und sich weiterbilden.

Kontinuierlich und in jeder Situation

Sprechen Sie die Sprache kontinuierlich in jeder Situation! Die meisten Eltern, die bilingual erziehen, entscheiden sich früher oder später für die OPOL-Methode, weil sie leichter anzuwenden ist als eine Methode, bei welcher man nur zu bestimmten Situationen auf die Sprache zurückgreift. Manchmal ist dies jedoch nicht möglich. Dann bleiben Sie bei der gewählten Methode. Die Hauptsache ist, Sie fühlen sich wohl damit und sie ist passend für Ihre Familienkonstellation.

Reden Sie viel mit Ihrem Kind

Tipp 7

Das Wichtigste bei der sprachlichen Erziehung Ihres Kindes ist die Kommunikation mit ihm selbst. Dies gilt umso mehr, je weniger sprachliche Vorbilder in Form von Verwandten und Freunden vorhanden sind. Es bedeutet also, dass Sie umso mehr mit ihrem Kind sprechen müssen, weil Sie eine der wenigen Kommunikationspartner sind.

Ständige Kommunikation mit dem Kind

Reden Sie viel, vor allem zu Beginn. Auch wenn das Kind Ihnen noch nicht antworten kann, so saugt es doch sämtliche Sprachinformationen wie Wörter, Satzbau oder Sprachmelodie wie ein Schwamm auf. Natürlich müssen Sie Ihrem Kind später auch Gelegenheit geben, das Gelernte anzuwenden: Es muss selbst zu Wort kommen. Das bedeutet, dass der Monolog, den die Eltern anfangs führen, durch eine echte Kommunikation abgelöst werden sollte. Das Selbstgespräch verändert sich also zu einem Austausch zwischen Eltern und Kind, zu einer Interaktion. Interaktion bedeutet, dass beide Partner miteinander sprechen und handeln. Erst dieser regelmäßige sprachliche Kontakt verankert die zusätzliche Sprache im Gehirn des Kindes.

Verständlich sprechen

Das oberste Prinzip ist, verständlich zu sprechen. Das Kind muss sie verstehen können. Sprechen Sie deshalb langsam, laut und deutlich. Sie sollten nicht nuscheln oder gar zu schnell sprechen.

Begleiten Sie Handlung durch Sprache

Begleiten Sie zudem sämtliche Handlungen, die Sie vornehmen, durch Sprache. Auch wenn es merkwürdig erscheinen mag: Erklären Sie Ihrem Baby, was Sie gerade tun. Wenn Sie es wickeln, erzählen Sie ihm, wie Sie wickeln und warum es eine neue Windel braucht. Wenn Sie Essen kochen, zeigen Sie ihm die Zutaten und erläutern Sie ihm, was daraus wird und wie es schmeckt. Wenn Sie es anziehen, benennen Sie sämtliche Kleidungsstücke beim Namen und welches Körperteil Sie gerade damit bedecken. Sprechen ist Vokabeltraining pur!

Indirekte Korrektur falscher Aussagen: Richtige Wiederholung oder Fragen stellen

Wenn Ihr Kind zu sprechen beginnt, korrigieren Sie es, aber korrigieren Sie es möglichst indirekt. Was ist indirekte Korrektur? Es bedeutet, dass Sie Ihr Kind nur andeutungsweise berichtigen, wenn es etwas falsch gesagt hat. Dazu ein praktisches Beispiel. Sagt Ihr Kind den Satz: „Du hast in mein Ohr geschreit!", so antworten Sie: „Entschuldigung, dass ich in dein Ohr geschrien habe." Auf diese Weise korrigieren Sie Ihr Kind, ohne ihm einen Vorwurf zu machen, wie es zum Beispiel bei der Antwort „Das heißt aber geschrien!" der Fall ist. Gleichzeitig bieten Sie ihm die richtige Lösung an, die Sie an anderer Stelle oft wiederholen können, bis sich das richtige Wort verankert hat. So könnten Sie diese Geschichte abends bei Tisch nochmal erzählen („Heute habe ich Anna aus Versehen ins Ohr geschrien.") oder in anderen Kontexten (Situationen) wiederholen („Der Junge hat aber laut geschrien!").

Eine andere Möglichkeit ist, offene Fragen zu stellen.[39] Dazu formulieren Sie mit dem korrekten Wort eine Frage, die es dem Kind ermöglicht, eine längere Antwort zu geben (zum Beispiel „Warum, glaubst du, habe ich geschrien?"). Dadurch zeigen Sie Ihrem Kind außerdem, dass Sie Interesse an seiner Aussage haben.

Über was können Sie sprechen? Es bieten sich viele Inhalte an, aber wichtig ist, dass Sie über das sprechen, was ihr Kind gerade interessiert.

So sind Sie sicher, seine volle Aufmerksamkeit zu erhalten. Mögliche Themen sind:

- Hobbies
- Freunde
- Schulalltag
- Kindergartenalltag
- Probleme, Sorgen
- Sachthemen (Polizei, Feuerwehr, Dinosaurier, Prinzessinnen…)
- Kneten, Malen, Farben…

Themen: Was interessiert Ihr Kind?

Seien Sie daher aufmerksam, geduldig und bringen Sie Zeit mit. Wichtig ist, dass Sie herausfinden, was das Kind gerade im Kindergarten erlebt oder in der Schule für Themen durchnimmt. Wenn Sie diese am Nachmittag aufgreifen und in der Fremdsprache verbalisieren, so erfahren die Kinder den Wortschatz zu einem bestimmten Themengebiet auch in der anderen Sprache. Häufig wollen die Kinder den Eltern zuhause erzählen, was sie in der Schule gemacht haben, können es aber nicht, weil ihnen in der anderen Sprache die Vokabeln fehlen. Dann beginnen sie zwar in der Fremdsprache, ersetzen jedoch häufig die unbekannten Wörter durch deutsche und fangen an, die Sprachen zu mischen. Dies können Sie vermeiden, indem Sie die Themen erfragen und dann zuhause aufgreifen, zum Beispiel durch ein Buch oder ein Experiment oder einfach durch ein Spiel. Dadurch geben Sie Ihrem Kind die Möglichkeit, die Begriffe auch in Ihrer Sprache zu erfahren und erweitern den Wortschatz des Kindes.

Über die Verbindung von Sprache mit Bewegung habe ich bereits in *Tipp 1* gesprochen. Machen Sie daher Bewegungs- und Fingerspiele. Denken Sie dabei an Spiele aus der eigenen Kindheit („Das ist der Daumen, der schüttelt die Pflaumen…“, „Hoppehoppe Reiter, wenn er fällt, dann schreit er…“). Ich bin mir

Bewegungs- und Fingerspiele

sicher, dass es ähnliche Spiele auch in Ihrer Sprache gibt, die Sie im Internet suchen können. Konsultieren Sie Bücher und fragen Sie auch Verwandte und Freunde!

Gedichte und Reime

Bewegung können Sie auch zu Gedichten kombinieren. Lassen Sie Ihre Kinder Gedichte in der Fremdsprache auswendig lernen! Es sollten einfache Gedichte sein oder Reime, die sich das Kind gut merken und vielleicht auch mit Bewegungen verbinden kann. Anlässe dafür können Geburts- oder Namenstage sein, Weihnachten, Ostern oder andere religiöse Feiertage.

Zungenbrecher

Auch Zungenbrecher gibt es in jeder Sprache. Sie sind meist Sätze, in denen bestimmte Wörter, die gleiche oder ähnliche Laute und Silben beinhalten, aneinander gereiht oder auch wiederholt werden, und die nicht unbedingt einen Sinn ergeben müssen. Spricht man diese Sätze schnell hintereinander, so kann man sich schnell versprechen. Hier ein paar Beispiele in verschiedenen Sprachen:

- Deutsch: Fischers Fritze fischt frische Fische
- Spanisch: Tres tristes tigres tragaban trigo en un trigal
- Englisch: A flea and a fly flew up in a flue
- Französisch: Chaste chasseur aux yeux chassieux
- Türkisch: Şu köşe kış köşesi, şu köşe yaz köşesi, ortada su şişesi.

Zungenbrecher trainieren die Motorik der Mundmuskulatur und der Zunge, das Erinnerungsvermögen und sind zudem noch äußerst witzig, gerade wenn man sich verhaspelt. Erinnern Sie sich an die Zungenbrecher aus Ihrer Kindheit oder suchen Sie nach Sprachspielen in Ihrer Sprache im Internet! So genannte Hausbücher oder Anthologien gibt es nicht in jeder Sprache. Oft genug jedoch finden sich solche Schätze in Bibliotheken oder bei den Großeltern. Werden Sie hier aktiv!

Singen Sie

Kinder singen gern und auch wenn sie falsch singen, lassen sie sich nicht beirren. Dieses Potenzial lässt sich ausnutzen, denn Singen ist ein ursprüngliches Bedürfnis des Menschen, sich auszudrücken. Auch wenn Sie meinen, selbst nicht singen zu können, so springen Sie über ihren Schatten und singen Sie trotzdem!

Singen als Bedürfnis des Menschen

Der britische Violinvirtuose und Dirigent Sir Yehudi Menuhin bezeichnete 1999 als Schirmherr von „Il canto del mondo" das Singen als die eigentliche Muttersprache aller Menschen: „Im Singen offenbart sich der gesamte Sinn- und Sinnenreichtum der Menschen und Völker. Dieser einmalige Sprachschatz darf uns nicht verloren gehen (…). Denn Singen macht, wie nichts anderes, die direkte Verständigung der Herzen über alle kulturellen Grenzen hinweg möglich."[40]

Beim Singen wird der eigene Körper zum Instrument. Positive Emotionen, wie Freude und Glück, aber auch negative Gefühle, wie Trauer und Schmerz sind zunächst im Inneren des Menschen vorhanden und können durch den Mund nach außen getragen werden. „Singen ist zuerst der innere Tanz des Atems, der Seele", schreibt Menuhin.[41] Es kann einerseits Glückseligkeit ausdrücken, andererseits froh und glücklich machen, wenn man traurig ist, weil Verspannungen gelöst werden (beispielsweise durch Weinen).

Körper als Instrument beeinflusst Gefühle

Singen schafft eine schöne Atmosphäre und regt den Geist, die Sinne, die Emotionen an. Der Atem und die Stimme verändern sich, sie werden meist tiefer, weil man auch gründlicher und bewusster atmet. Auch die Körperhaltung verändert sich, sie wird

Positive Auswirkungen auf Körper und Geist

aufrechter. Singen lädt immer zum Mitsingen ein und fördert dadurch das gemeinschaftliche Miteinander.

Singen hilft beim Sprachenlernen

In Bezug auf das Lernen von Sprachen, egal ob es sich dabei um die Muttersprache oder eine andere Sprache handelt, ist das Singen eine gute Methode. Kinder können sich leichter an Sprachmelodien erinnern. Nicht nur Phrasen, also typische Wortverbindungen, Redewendungen oder Satzteile, können leichter erinnert werden. Das Singen hilft auch, die richtige Betonung von Wörtern einzuhalten. Gerade im Bereich der Artikulation (Aussprache) können schwierige Wörter oder Buchstabenfolgen singend leichter eingeprägt und dann besser ausgesprochen werden, wie zum Beispiel das gerollte R in vielen Sprachen.

Liedervorrat anlegen

Überlegen Sie zuerst, welche Lieder Sie kennen und teilen Sie sie in Kategorien ein: Morgen- und Abendlieder, Gute-Nacht-Lieder, Geburtstagsständchen, Lieder zu bestimmten Festen wie Weihnachten oder Advent, Jahreszeitenlieder, bekannte Kinderlieder, allgemeine Volkslieder, religiöse Lieder oder Popsongs. Stellen Sie sich hier ein Repertoire zusammen, das sie zu den gegebenen Anlässen singen können, zum Beispiel beim Stillen, beim Abendritual, vor dem Essen.

Qualität vor Quantität

Bei der Auswahl der Lieder gilt: Nicht die Anzahl ist entscheidend, sondern die Qualität. Man muss nicht alle Lieder kennen. Aber es sollte Lieder für jede passende Gelegenheit geben. Dies ist vor allem wichtig, wenn Sie in einer Fremdsprache erziehen. Kaufen oder leihen Sie sich CDs oder Liederbücher, damit sie den Wortlaut der Lieder gut kennen.

Für Kinder ist es besonders einprägsam, wenn Sie Text und Melodie mit Gesten und Mimik, also mit Bewegung, verbinden. Gehen Sie dabei intuitiv vor und bewegen Sie Ihre Hände automatisch, so wie es Ihnen ihr Bauchgefühl sagt. Viele Wörter lassen sich nonverbal (nichtsprachlich) ausdrücken: Die Sonne wird zu einem Armkreis über dem Kopf, Regentropfen können Sie anzeigen, indem Sie ihre Arme von oben nach unten senken und dabei die Finger bewegen. Und wenn Sie frieren, so umarmen Sie sich selbst und streichen mit den Händen die Oberarme auf und ab. Bei vielen Bewegungsliedern sind die Bewegungen bereits vorgegeben (zum Beispiel wie beim Kniereitervers „Hoppe, hoppe Reiter“).

Begleiten der Lieder durch Bewegungen

Wiederholen Sie die Lieder, bis das Kind sie auswendig gelernt hat und mitsingen kann. Ein Hilfsmittel dazu ist, wenn Sie nach und nach die Endungen der Lieder weglassen und Ihr Kind dabei auffordern, diese einzusetzen. So kommt es ganz langsam von der passiven Zuhörer- in eine aktive Mitsingerrolle. Gerade das Reimschema von Liedern hilft den Kindern, sich zu erinnern.

Leichteres Lernen durch Reime

Wenn Sie selbst nicht singen können, so spielen Sie Ihren Kindern regelmäßig Lieder-CDs in Ihrer Sprache vor. Diese können Sie auch einlegen, wenn die Kinder spielen oder malen (als Hintergrundmusik), im Auto oder auch abends im Bett. Besuchen Sie Konzerte und erleben Sie den Gesang in Ihrer Sprache gemeinsam mit Ihren Kindern auch einmal live auf der Bühne.

CDs mit Kinderliedern

Lesen Sie vor!

Vorlesen unterstützt erfolgreiches Lernen

Eine ganz wichtige Funktion im Bereich des Erlernens und Erwerbens von Sprache kommt dem Lesen und Vorlesen zu. Wenn Sie Ihren Kindern vorlesen, so animieren Sie sie, eines Tages selbst Bücher in die Hand zu nehmen und in eine fremde Welt einzutauchen. Sie als Eltern sollten Vorbild sein, denn Lesen unterstützt den Lern-, Schul- und Berufserfolg in vielerlei Hinsicht, bildet nicht nur sondern macht auch Spaß. Was löst das Lesen in uns Menschen aus?

Eine lange Zeit muss vergehen, bis ein Kind den Sinn von Buchstaben begreift, Laute und Wörter daraus bilden kann. Zwar sind Sinne wie Sehen und Hören ab der Geburt angelegt, denn sie befähigen das Kind zum Umgang mit der Welt. Um Buchstaben zu lesen, müssen jedoch verschiedene Sinne miteinander verknüpft werden. Dies geschieht bereits in den Jahren vor dem ersten selbstständigen Lesen. Daher ist es wichtig, das Kind frühzeitig auf den Knien sitzen und „mitlesen" zu lassen.

Verknüpfen von Buchstaben mit Lauten

Diese Fähigkeiten sind wichtig für das Erlernen von weiteren Sprachen sowie für den späteren Schriftspracherwerb, also das Schreiben selbst. Es dauert sehr lange, bis ein Kind die Buchstaben mit den Lauten verknüpfen kann. Es muss die Hände, die Augen und das Gehör koordinieren, um einem Laut den richtigen Buchstaben, egal in welchem Schriftsystem, zuordnen zu können.

In den ersten sechs bis sieben Jahren kommt den Eltern also eine Vermittlerrolle zu. Sie entscheiden meist, welche Bücher gekauft werden und sie transportieren den Inhalt eines Buches in die kindliche Welt. Vorlesen ist mehr als nur Wörter und Sätze aus den Büchern hinauszutragen.

Kuschelfaktor

Wenn Sie sich mit Ihrem Kind gemeinsam über ein Bilderbuch beugen so entsteht eine Interaktion, eine wechselseitige Beziehung, zwischen Ihnen und Ihrem Kind. Wenn Sie vorlesen, achten Sie einmal darauf, was passiert: Das Kind wird sich ganz nah an Sie kuscheln, weil es so gemütlich ist oder es sucht Schutz, weil die Geschichte so spannend ist. Es spürt: Wenn Sie vorlesen, zeigen Sie ihm gleichzeitig, dass Sie es mögen.

Vorlesen als Basis für das Schreibenlernen

Das Kind wird aktiv, zeigt auf die Zeichnungen und fragt nach, um etwas zu erfahren. An dieser Stelle bedenken Sie als Eltern: Je früher die Neugier Ihre Kindes beim Lesen einbezogen wird, umso ***eher*** wird es die Laute den Buchstaben auch in unterschiedlichen Sprachen oder Schriftsystemen zuordnen können. Deswegen ist es wichtig, dass das Kind die Worte sieht und sozusagen „mitliest". Als Eltern schaffen Sie dabei die Basis für das spätere Schreibenlernen.

Möglichkeiten nach dem Vorlesen

Vorlesen bedeutet auch ins Gespräch kommen. Die Wörter und Sätze in dem Buch mögen ausgesprochen sein, das Vorlesen ist damit aber noch lange nicht vorbei. Denn jetzt können Sie die Gelegenheit nutzen und miteinander reden. Nichts bietet Ihnen so viel Kommunikationsanlässe wie ein Bilderbuch. Sie können

- den Inhalt vorlesen
- Fragen zum Text stellen (möglichst mit offener Fragestellung: zum Beispiel „Welche deiner Freundinnen reagiert wie die Figur im Buch? Warum?")
- Fragen zu den Bildern stellen („Wo finde ich die gleichen Farben wie hier?")

- Figuren beschreiben lassen („Der Junge ist groß und dünn, er hat blonde Haare...“)
- Dinge in den Bildern suchen lassen („Wo ist...“)
- den Inhalt auf das Kind selbst beziehen („Wie ist das bei dir?“ „Kennst du jemanden wie diese Figur?“ „Gehst du auch manchmal weg, wenn du im Kindergarten wütend bist?“)
- den Inhalt des Buches mit Figuren nachspielen

und vieles mehr.

Bilderbücher können auch zum Anlass genommen werden, Sprachspiele zu spielen, Gedichte aufzusagen, Lieder zum Thema oder zu den Bilderbuchfiguren zu singen.[42] Nutzen Sie Ihren Fundus ausgiebig.

Sich Zeit nehmen

Voraussetzung dafür ist allerdings eine ruhige Atmosphäre. Nehmen Sie sich Zeit! Lassen Sie kein Radio im Hintergrund laufen und schalten Sie vor allem den Fernseher aus, denn diese Medien lenken das Kind nur ab. Suchen Sie mit Ihrem Kind einen Ort, an dem Sie sich wohlfühlen, zum Beispiel die gemütliche Couch oder das Bett. Finden Sie ein gemeinsames Ritual und lesen Sie zum Beispiel immer nach dem Abendessen vor oder kurz vor der Schlafenszeit. So hat Ihr Kind Gelegenheit, vom Alltag zu abzuschalten und entspannt ins Bett zu gehen.

Manchmal wird es dabei sogar gar nicht mehr um das Buch gehen, sondern vielleicht um die Ereignisse, die im Kindergarten und in der Schule passiert sind und die das Kind Ihnen erzählen möchte. Nehmen Sie den Gesprächsfaden auf und spinnen Sie ihn weiter, hören Sie zu und geben Sie Ihrem Kind Ratschläge.

Wenn Sie vorlesen, so achten Sie auf eine **klare und deutliche Aussprache**. Sprechen Sie langsam und achten Sie auch auf

Pausen, um die Spannung zu erhöhen. Wenn es Ihnen leicht fällt dann geben Sie den unterschiedlichen Personen in dem Buch auch unterschiedliche Stimmen, indem sie **Tonhöhe** (brummig oder piepsig), **Lautstärke** (leise oder sehr laut) und **Geschwindigkeit** (langsam oder schnell) anpassen. Eine Katze könnte zwischen den Sätzen miauen, ein Bär brüllen, ein Baby weinen. Sprechen Sie mit Akzent! Werden Sie geheimnisvoll und machen Sie es spannend. Setzen Sie Gestik und Mimik ein! Lassen Sie beim Vorlesen Ihrer Fantasie freien Lauf.

Vorlesen: Deutlich lesen, Pausen machen, dem Text anpassen

Welche Bücher taugen am ehesten für Ihr Vorhaben? Am Anfang bedarf es noch nicht viel, daher sind Bilderbücher mit Alltagsgegenständen oder Tieren am besten geeignet. Sie müssen noch nicht einmal einsprachig sein, sondern hier ist es wichtig, dass es sich um gute Bilder oder Fotografien handelt. Wichtig ist, dass Sie nicht einfach nur das Wort sagen und schnell zum nächsten Gegenstand übergehen. Verweilen Sie bei einem Bild und bilden Sie ganze Sätze, die mit zunehmenden Alter auch immer weiter ausgeführt werden können („Das ist ein Ball! Der Ball ist rund und blau. Er rollt und rollt…"). Motivieren Sie Ihr Kind, das Wort nachzusprechen („Sag mal Ball!"), indem Sie den Begriff überbetonen bzw. die Aussprache übertreiben. Loben Sie die ersten Versuche Ihres Kindes!

Bilderbücher

Wenn Ihnen als Eltern manche Vokabeln nicht einfallen, so sollten Sie sich vor dem ersten gemeinsamen Lesen das Bilderbuch allein anschauen, um herauszufinden, ob Sie manche Begriffe nicht kennen. Notieren Sie diese ruhig in das Buch! Ich selbst habe damals das Lieblingsbuch meiner Tochter nicht in der spanischen Sprache finden können, so dass ich das ganze Buch einfach auf Spanisch übersetzt und an den Rand geschrieben habe. Auf diese Weise hatte ich Sätze und Vokabeln bereits parat.

Unbekannte Wörter notieren

Märchen

Lesen Sie Märchen vor. Märchen gibt es als anonyme Volksmärchen, die meist gesammelt wurden (zum Beispiel von den Gebrüdern Grimm) oder als Kunstmärchen, die einem Autoren zugeordnet werden können (zum Beispiel Wilhelm Hauff oder Hans-Christian Andersen). Man sagt, Märchen seien der Spiegel der Volksseele, was sich auch in dem Begriff „Volksmärchen" widerspiegelt. Insofern werden durch Märchen Traditionen und Kulturtechniken vermittelt, ohne diese genau zu nennen oder zu erläutern. Märchen zeigen den Kindern, wie sie normale Situationen im Alltag meistern können. Kinder, denen Märchen in zwei Sprachen vorgelesen werden, üben sich in interkultureller Kompetenz. Sie vergleichen die Märchen und erkennen plötzlich die Unterschiede, aber auch die Gemeinsamkeiten der beiden Kulturen, in denen sie sich bewegen.

Ein- und zweisprachige Bücher

Beim Vorlesen können Sie auf einsprachige Bücher zurückgreifen, die Sie in Ihrem Heimatland oder auch über das Internet bestellen können. Eine weitere gute Möglichkeit bietet sich Ihnen mit bilingualen Kinderbüchern. Zweisprachige Bücher haben den Vorteil, dass der gleiche Text nicht nur mit Bildern hinterlegt, sondern gleichzeitig in zwei Sprachen vorhanden ist. Gerade in Familien, in denen ein Elternteil auf Deutsch erzieht, eignen sich solche Bücher ganz hervorragend, denn so kann Mama den fremdsprachigen Teil und Papa den deutschsprachigen Part vorlesen. Die Geschichte bleibt dieselbe, ist aber im interkulturellen und sprachlichen Bereich eine andere. Diese Möglichkeit erweitert den Wortschatz in beiden Sprachen und hilft durch die literarische Übersetzung auch die grammatische Kompetenz zu erweitern.

In bilingualen Familien gibt es oft ein Ungleichgewicht zwischen den gesprochenen Sprachen. Meist können die Kinder eine Sprache besser als die andere sprechen. Die Sprache, die das Kind am häufigsten hört, wird starke Sprache genannt; die andere ist die schwache Sprache. Doch die Verhältnisse können sich umkehren, zum Beispiel durch den Besuch des Kindergartens oder durch neue Freunde. Wichtig ist hierbei, die schwache Sprache nicht zu vergessen und diese ebenfalls zu fördern.

Vorteile zweisprachiger Kinderbücher

Zweisprachige Kinderbücher können hierzu einen Beitrag leisten. Sie schulen das Sprachgefühl der Kinder gleichzeitig in beiden Sprachen und tragen dazu bei, den Wortschatz in beiden Sprachen zu erweitern. Bücher in zwei Sprachen zeigen außerdem, dass beide Sprachen gleich wertvoll sind (vgl. *Tipp 15*).[43] Oftmals gibt es sie in Kombination mit Hör-CDs, die man bei Bedarf einlegen kann. Zweisprachige Bücher sind vor allem für Familien geeignet, in denen die Eltern zwei verschiedene Sprachen sprechen: So können Eltern das bilinguale Angebot nutzen, um jeweils in ihrer eigenen Sprache ein Buch zu lesen – und müssen dieses Buch noch nicht einmal wechseln, sondern können bei derselben Geschichte bleiben. Die Alternative ist nämlich, sich die Lieblingsbücher der Kinder in beiden Sprachen zuzulegen. Das ist nicht nur teuer, sondern oft auch gar nicht möglich, weil es diese gar nicht gibt. Mit zweisprachigen Büchern hat man bessere Möglichkeiten.

Netzwerk Mehrsprachigkeit

Es gibt in Deutschland eine Reihe an Verlagen, die zweisprachige Kinderbücher anbieten. Viele von ihnen, vor allem die kleineren Verlage, haben sich zu einem Verein zusammengeschlossen, dem „Netzwerk Mehrsprachigkeit e. V.". Dem überregional tätigen Netzwerk gehören aber auch Wissenschaftler, Pädagogen, Leseförderer, Buchhandlungen, Bibliothekare, Institutionen und Autoren an. Ziel ist die Vernetzung im Bereich Mehrsprachigkeit, die Verknüpfung zwischen Theorie und Praxis und die Bereitstellung des richtigen Lesematerials für mehrsprachige Familien, denn oft ist ihnen nicht bewusst, welche Möglichkeiten sich ihnen bieten. Auf der Homepage des Netzwerks können Sie die richtigen Verlage und somit die richtigen Bücher für Ihr Kind finden.

Interessante Themen

Wichtig ist, wie bereits erwähnt, dass Sie Bücher zu Themen kaufen, für die sich Ihre Kinder zurzeit interessieren, wie zum Beispiel Dinosaurier, Prinzessinnen oder der Bauernhof. Aber auch allgemeine Themen sind interessant: Wie wird Weihnachten und Geburtstag gefeiert? Was passiert beim Kinderarzt? Und wie ist das, wenn ein Kind mehrere Sprachen spricht, sein bester Freund aber nur eine?

Hörbücher oder Hörspiele

Ähnlich wie bei *Tipp 7* sollten Sie für Ihre Kinder ebenfalls fremdsprachige Hörbücher oder Hörspiele besorgen, die man einlegt, wenn man selbst nicht vorlesen kann. Leider ist nicht jede Sprache leicht erhältlich. Sie können sich behelfen, indem Sie selbst Geschichten vorlesen und Lieder singen und diese aufnehmen. Sofern Sie technisch versiert sind, nutzen Sie dafür Ihren Computer und brennen CDs oder Sie benutzen die Diktierfunktion auf dem Handy oder dem Tablet. Neuerdings gibt es sogar Stifte, die sich zusammen mit Bilderbüchern einsetzen lassen. Dazu nehmen Sie die Geschichte auf und markieren die Seiten im Buch mit einem speziellen Klebepunkt, den die Kinder dann antippen müssen.[44] Setzen Sie dazu die oben genannten Tipps zum Vorlesen ein und seien Sie kreativ.

Viele Kinder mögen es, wenn die Hauptpersonen in weiteren Büchern auftauchen. Beispiele dafür sind der „Regenbogenfisch", „Lars, der Eisbär" oder die „Hexe Lilli", die es neben Deutsch auch in Türkisch, Englisch, Spanisch und sogar in bilingualen Ausgaben zu kaufen gibt. Erwerben Sie daher Buchreihen, die

Ihrem Kind gefallen. Sehen Sie in ihrer örtlichen Bibliothek nach und sprechen Sie die Bibliothekare darauf an. Der Wiedererkennungswert kann die Kinder motivieren, weitere Bücher lesen zu wollen.

Buchreihen

Eine wunderbare Möglichkeit ist es auch, eigene Geschichten zu erfinden. Die Geschichten müssen nicht lang sein, sollten aber über die bekannte Dreiteilung verfügen und ein wenig spannend sein. In der Einleitung stellen Sie die Hauptpersonen vor und erzählen, welches Ziel sie haben oder was sie erreichen möchten. Im Hauptteil entwickeln Sie die Geschichte weiter und versehen sie mit magischen und spannenden Elementen. Geben Sie den Personen Hindernisse und Probleme mit auf den Weg, die es schwieriger machen, das Ziel zu erreichen. Am Schluss sollte die Geschichte gut ausgehen und der Held oder die Heldin belohnt werden. Lustig wird es, wenn Sie Ihre Kinder mit einbeziehen und jeder einen Satz beisteuern darf. Dadurch können Geschichten unerwartete Wendungen nehmen. Außerdem wenden die Kinder die Sprache aktiv an statt passiv zuzuhören.

Erfinden Sie eigene Geschichten

Sollten Ihnen keine eigenen Geschichten einfallen, gibt es den „Erzählwürfel" aus dem SchauHoer Verlag oder den „Geschichtenwürfel" (Rory's Story Cubes). Der Erzählwürfel schafft Sprach- und Erzählanlässe auf spielerische Art und arbeitet mit Bildkarten. Bei dem Geschichtenwürfel handelt sich dabei um neun Würfel mit 54 Bildern, die miteinander kombiniert unendlich viele Möglichkeiten bieten, Sprache in Geschichten zu verpacken. Dadurch, dass es sich um Bilder und nicht um Wörter handelt, lässt sich der Geschichtenwürfel in jeder Sprache anwenden.

Zeitungen und Zeitschriften

Andere Möglichkeiten zeigen sich im Bereich der Zeitungen und Zeitschriften. Viele Zeitungen haben eine eigene Kinderseite, die Sie, sofern Ihr Kind noch nicht selbst lesen kann, vorlesen könnten. Bei den Zeitschriften bietet der Sailer-Verlag gute Grundlagen und Texte, die man zuhause vorlesen oder mit denen man im Kindergarten arbeiten kann. Versierte können Geschichten und Texte der Zeitschriften ***Kindergarten*** oder ***Vorschule*** selbst übersetzen. Für die englische Sprache bietet das Magazin ***Junior – I love English*** ebenfalls abwechslungsreiche Möglichkeiten. Mitgeliefert wird hier sogar eine CD mit allen Texten und Liedern, damit die Aussprache trainiert wird. Weitere Zeitschriften sind:

- ***Gecko*** (Kindergeschichten in deutscher Sprache)
- ***Odyssey*** (Neueste Entdeckungen in der Wissenschaft, Englisch)
- ***Okapi*** (Jugendzeitschrift 10-15 Jahre, Französisch)
- ***I Love English*** (ab 11 Jahre, Englisch)
- ***O!Kay!*** (Zeitschrift für Kinder im Grundschulalter, Englisch)

Für Jugendliche und Erwachsene gibt es weitere Sprachzeitschriften und -zeitungen:

- Zeitschriften wie ***Spotlight, Écoute, Adesso, Ecos*** (Spotlight-Verlag)
- Zeitungen wie ***Read on, World and Press, Revista de la Prensa, Revue de la Presse, Leggere d´Italia*** (Zusammenfassungen von interessanten Presseartikeln)

Zeitungen und Zeitschriften gibt es meist in großen, gut sortierten Läden am Bahnhof oder Flughafen.

Wählen Sie gute elektronische Medien

Wer Kindern eine andere Sprache beibringt, ob zuhause im Privaten, im Kindergarten oder in der Schule, ist gut beraten, Medien mit einzubeziehen. Unter Medien versteht man einerseits die gedruckten Printmedien wie Bücher, Zeitungen und Zeitschriften, die ich in *Tipp 9* bereits besprochen habe. Wichtig sind aber auch die elektronischen Medien wie Fernsehen, DVDs und CDs, Radio, Computer, neuerdings Tablet-PCs und Smartphones und damit auch das Internet.

Elektronische Medien

Im Bereich Fernsehen lassen sich fremdsprachige Fernsehprogramme heutzutage dank Parabol-Antenne und Internet leicht empfangen. Stellen Sie die Sender, die Sie auch aus Ihrem Heimatland kennen, ein und studieren Sie das Fernsehprogramm, wann Kindersendungen laufen. Nehmen Sie diese per Computer oder auf DVD auf, damit Sie diese Ihren Kindern zur richtigen Zeit vorspielen können.

Fernsehen

Persönlich tendiere ich zu DVDs, die ich mir meist im Ausland besorge. DVDs haben den Vorteil, dass die Sendungen nicht permanent durch lautstarke Werbeblöcke unterbrochen werden. Gleichzeitig haben Sie auch eine Kontrolle darüber, welche Sendungen die Kinder sehen und wie viel Zeit sie vor dem Fernseher verbringen. Da die Kinder am nächsten Tag weiter sehen können, ist es leichter, die Sendungen nach einer halben Stunde zu beenden.

DVDs

Generell gilt: Sehen Sie nicht zu viel fern, sondern spielen Sie lieber miteinander (*Tipp 11*)! Beim Fernsehen verhalten sich

Kinder passiv, auch wenn sie vieles aufsaugen. Beim Erwerb von Sprache sind Bezugspersonen äußerst wichtig, denn sie erleichtern durch Ansprache, Gestik und Mimik das Lernen und bahnen Kommunikation erst an. Das ist eine Eigenschaft, die das Fernsehen nicht besitzt. Mit einem Fernseher können Sie nicht reden, er kann sie auch nicht korrigieren oder in den Arm nehmen.

Qualität statt Quantität

Was für CDs gilt, gilt natürlich auch für DVDs. Überlegen Sie genau, was Sie kaufen! Achten Sie hier auf Qualität statt auf Quantität. Nicht alle Sendungen sind zum Lernen geeignet. Beurteilen Sie, ob die Sendung beispielsweise nur plump ist oder besitzt sie vielleicht einen pädagogischen Charakter. Können Kinder etwas Wichtiges lernen? Und wollen Sie als Elternteil, dass Ihre Kinder hören und lernen, was sie sehen?

Auf langsame, deutliche Aussprache achten

Wichtig ist ebenfalls, dass Sie darauf achten, mit welcher Sprachgeschwindigkeit und Deutlichkeit die Sprecher reden. Zu schnelle Sprache oder eine undeutliche Aussprache können Kinder überfordern oder sie Wörter gar falsch aussprechen lassen. Die Schnelligkeit betrifft auch die Bilderfolge. Bilder, die zu schnell hintereinander folgen, überlasten und lassen keinen Raum für eigene Empfindungen und Fantasie.

Beide Sprachen

Wenn möglich, kaufen Sie DVDs in beiden Sprachen (Umgebungs- und Familiensprache). Oft gibt es beide Sprachen in einer DVD zu kaufen. Dadurch können die Kinder sich auch mal selbst für eine Sprache entscheiden und lernen, beide Sprachen zu vergleichen. Achten Sie als Eltern darauf, dass auch die weniger entwickelten Sprachen eingelegt werden.

Wenn Sie sich ähnlich wie beim Vorlesen Zeit nehmen und gemeinsam mit Ihrem Kind fernsehen, entwickelt sich beinahe von

Gute Sprechanlässe

selbst ein wunderbarer Sprechanlass, indem Sie über das Gesehene miteinander reden. Begleitetes Sehen schützt das Kind vor unerwünschten Bildern, verbindet einander, macht emotional stabil, beantwortet sofort Ungewissheiten und lässt sich direkt in eigene Lebensfragen überführen. Dies fördert die sprachliche, gedankliche und emotionale Entwicklung des Kindes.[45]

Sicheres Internet

Wenn Sie den Computer mit einbeziehen, so entdecken Sie das Internet in Ihrer Sprache. Suchen Sie nach Kinderseiten, auf denen Ihre Kinder in Ihrer Sprache surfen können. Im Deutschen gibt es beispielsweise Kinderseiten wie „www.Frag-Finn.de" mit sicheren Suchfunktionen. Für das Englische gibt es beispielsweise die „Oxford Owl", eine Seite mit vorgelesenen Bilderbüchern, interaktiven Elementen oder Apps. Hier muss man sich im Vorfeld registrieren. Für alle anderen Sprachen geben Sie über einen Suchserver die Begriffe „Seiten für Kinder" in Ihrer Sprache ein. Meist stoßen Sie dabei auf empfohlene Internetseiten, die Sie jedoch trotzdem vorher prüfen sollten. Kaufen Sie CD-ROMs mit Spielen ebenfalls in beiden Sprachen und achten Sie auch hier auf die Qualität. Worauf wenig gesprochen wird, ist nicht zum Sprachenlernen geeignet.

Tablet und Smartphones

Eine prima Alternative bietet sich durch die Tablet-Computer und Smartphones. Mit ihren Touchscreens, den Bildschirmen, die auf Berührung von Fingern reagieren, und ihrem mobilen Charakter, wodurch man sie überall hin transportieren kann, begeistern sie Kinder und Jugendliche. Dadurch werden sie motiviert, Sprachspiele zu spielen. Es gibt bereits viele mobile Apps in unterschiedlichen Sprachen, gratis oder für wenig Geld, mit denen man Vokabeln oder Sätze üben kann. Auch Bilderbücher in verschiedenen Sprachen sind bereits vorhanden.[46] Dazu suchen Sie einfach unter bestimmten Schlagwörtern im entsprechenden Play- oder App-Store.

Mobile Apps

Der Vorteil solcher Apps ist, dass sie verschiedene Sinne und Reize ansprechen: So werden hier Buchstaben mit Bildern kombiniert, Farben einbezogen und man kann die Wörter auch hören. Dazu gibt es unterschiedliche Spiele wie Bildkarten-Memo, Zuordnungen etc. Achten Sie aber dennoch darauf, dass auch dabei die empfohlene Medienzeit von einer halben bis einer Stunde nicht überschritten wird!

Chat, Instant-Messaging-Dienste

Selbst die Kleinsten können sich eine Bildergeschichte in unterschiedlichen Sprachen vorlesen lassen und damit ihr Hörverständnis trainieren. Ältere Kinder können in Chats fremdsprachige Freunde finden oder über internetbasierte, plattformübergreifende Instant-Messaging-Dienste wie zum Beispiel WhatsApp, Threema oder Telegram Kontakte zu Verwandten oder gleichaltrigen Freunden im Ausland halten und Textnachrichten, Bild-, Video- und Ton-Dateien austauschen. Sollten sich Ihre Kinder eines Tages weigern, die schriftliche Sprache zu erlernen, so haben Sie hier ein wunderbares Argument: der Austausch mit Gleichaltrigen! Allerdings sollten Eltern immer begleitend zur Seite stehen, da sie einerseits ihre eigene Medienkompetenz zeigen („So mache ich das") und andererseits bei problematischen Entwicklungen, zum Beispiel bei Mobbing, helfend eingreifen können.

Spiele unterstützen das Sprachenlernen

Spielen Sie viel mit Ihren Kindern

Wenn man sich die Herkunft und Grundbedeutung des Wortes „Spiel" in den verschiedenen Sprachen anschaut, die so genannte Etymologie, so stellt man fest, dass „game", „juego" oder „Spiel" ursprünglich immer etwas mit Tanz, Bewegung, Sprache, Ausdruck, Spaß und Zeitvertreib zu tun hat.[47] Spielen ist also eine Tätigkeit, die allein oder mit mehreren Personen durchgeführt wird, die entspannt und Spaß bringt. Das deutsche Wörterbuch „Wahrig" definiert Spiel als Tätigkeit, die ohne Zweck erfolgt (im Gegensatz zur Arbeit). Mit dem Spiel beschäftigt man sich aus Freude am Spiel selbst. Es erfolgt meist nach bestimmten Regeln.[48]

Der Brockhaus schreibt dazu, dass es spielerisches Verhalten sowohl bei Menschen und Tieren gibt. Er zitiert dazu u.a. den Philosophen, Psychologen und Spieltheoretiker Karl Groos, der das Spiel von Kindern und Jungtieren als Vorbereitung auf das Erwachsenendasein betrachtete. Das Spiel hilft ihnen, bestimmte Instinkte zu üben, mit den eigenen Fähigkeiten zu experimentieren und Artgenossen nachzuahmen. „Im Bereich des kindlichen Spiels sind es vornehmlich die kognitiven, emotionalen und sozialen Funktionen, die durch Spiel unterstützt werden."[49]

Vielfältige Sprechanlässe durch Spielen

Spielen ist also eines der besten Kommunikationsmittel überhaupt. Da Kinder ihre Umwelt spielend erfahren, können Sie als Eltern diesen Umstand für Ihre Zwecke benutzen. Bei kaum einer anderen Tätigkeit gibt so vielfältige Sprachanlässe wie beim Spielen, denn immer wenn Sie miteinander spielen, müssen Sie sich unterhalten: über den Aufbau des Spiels, wer an der Reihe ist und warum, über die Spielregeln, was man wie macht.

Vorteile von Spielen

Spielen ist mehr als Kommunikation. Kinder erlernen durch Spiele einerseits, dass es Regeln gibt, die man einhalten muss, weil das Spiel sonst nicht funktioniert – eine Erkenntnis, die sich auf das normale Leben übertragen lässt. Sie trainieren andererseits ihre Konzentrationsfähigkeit, die sie benötigen, um zum Beispiel in der Schule aufzupassen. Sie können erlernen, wie man gemeinsam über Sinn und Unsinn von Regeln diskutiert und solche auch gemeinschaftlich ändern kann. Im Kleinen hilft dies sogar beim Erlernen von demokratischen Regeln, die dazu führen, dass Menschen sich in einer Gemeinschaft wohlfühlen und miteinander auskommen.

Welche Spiele gibt es, um die Sprache des Kindes zu fördern?
Bei so genannten Wahrnehmungsspielen lernen Kinder auf spielerische Weise, ihre Sinne (Sehen, Hören, Fühlen, Schmecken, Riechen) zu trainieren. Ein schönes Spiel ist beispielweise, wenn Sie Ihrem Kind die Augen verbinden und ihm Dinge in die Hand geben, die es durchs Fühlen erraten muss. Dies kann man ohne viel Aufwand betreiben; dennoch hat die Firma Haba hierzu einige Spiele entwickelt (zum Beispiel «Verfühlt nochmal!» oder

«Planet der Sinne»). Eine Variation des oberen Spiels ist, wenn Sie Ihrem Kind Lebensmittel in die Hand geben; dadurch kann es nicht nur fühlen, sondern auch riechen und schmecken. Wichtig ist, dass es versucht zu beschreiben, was es da in der Hand hält. Sie können ihm aber auch Fragen stellen: „Ist es glatt oder rau?" „Schmeckt es süß oder sauer?" „Riecht es fruchtig, blumig oder würzig?".

Wahrnehmungsspiele

Bewegungsspiele dienen dazu, die Motorik zu trainieren. Dazu gehören Hüpfspiele, alle Ballspiele, Fangspiele oder Geländespiele wie „Räuber und Gendarm" oder „Schnitzeljagd". Denken Sie dabei einmal zurück, welche Spiele Sie als Kind gespielt haben und bringen Sie Ihrem Kind diese in Ihrer Sprache bei. Oft gibt es Abzählreime, mit denen man bestimmt, wer zum Beispiel der Fänger ist, oder es sind einfache Phrasen wie „Ich hab dich!", die gelernt werden können. Bei Hüpfspielen wie zum Beispiel Gummitwist, werden meist rhythmische Verse aufgesagt („Teddybär, Teddybär, dreh dich um…"). Wenn Sie also mit Ihrem Kind Fußball spielen, so bringen Sie ihm gleichzeitig das Vokabular bei, das es benötigt, wenn es einmal in Ihrem Heimatland mit anderen Kindern spielt. Es gibt auch viele Spiele, die universal sind und sich in den verschiedenen Kulturen und Sprachen ähneln. Ein Beispiel dafür ist „Ich sehe was, was du nicht siehst" (span. „Veo, veo", engl. „I spy with my little eye"), wobei im Deutschen der Gegenstand mit einer Farbe beschrieben wird. In anderen Sprachen sind es die Anfangsbuchstaben der Wörter, die man benutzt. Sollten Ihnen solche rhythmischen Verse entfallen sein, können Sie im Internet, zum Beispiel auf Videoportalen wie Youtube, Vimeo oder Clipfish, danach suchen.

Bewegungsspiele

Gesellschaftsspiele

Zu den Gesellschaftsspielen gehören zum Beispiel Brett- oder Kartenspiele. Die bekanntesten sind sicherlich «Mensch ärgere dich nicht», «Schach», «Dame» oder «Halma», die es in den verschiedenen Ländern unter anderen Namen gibt. So existiert das «Mensch ärgere dich nicht»-Spiel in Deutschland seit 1910, obwohl es auf ein altes, indisches Spiel namens «Pachisi» aus dem 4. oder 5. Jahrhundert nach Christus zurückgeht. In arabischen Ländern und in Spanien heißt es «Parchís», woanders läuft es noch unter «Pachisi» und wird in verschiedenen Variationen gespielt. Gesellschaftsspiele sind oft Spiele, die bei Kindern auch andere wichtige Fähigkeiten trainieren. So wird bei «Memory» (Ravensburger) das Erinnerungsvermögen und Raumwahrnehmung gefördert, bei «Domino» muss man vergleichen und eventuell Zahlen erkennen können, bei dem Kartenspiel «Uno» (Mattel) werden Zahlen und Farben geschult, bei «Mensch ärgere dich nicht» (Schmitt Spiele) lernt man abzuwarten, zu zählen und Farben zu erkennen. Spielen fördert das ganze Kind. Achten Sie, wenn Sie allgemeine Spiele kaufen und diese in Ihrer Sprache spielen, auf mehrsprachige Spieleanleitungen!

Konstruktionsspiele

Bei Konstruktionsspielen geht es darum, mit Hilfe der Hände und verschiedener Gegenstände etwas zu bauen. Hierzu gehören zum Beispiel Knetspiele, Sandspiele oder Bauspiele mit Bauklötzen oder Legosteinen. Das Kind lernt, vorausschauend zu planen und sich in Geduld zu üben, denn Konstruieren dauert. Auch die Feinmotorik wird hier geschult. Für die Sprache üben Sie Ausdrücke, die das räumliche Denken betreffen („auf, über, unter, neben, dahinter…"), aber auch Farben und Formen. Sie könnten mit Knete Gegenstände kneten, die ihr Kind erraten muss (und umgekehrt). Dazu kann es Ihnen Fragen stellen, wenn es die Figur nicht auf Anhieb erkennt. Bauen Sie mit ihm zusammen Häuser, Türme oder einen Zoo aus Bauklötzen oder «Lego» und verbinden Sie dies mit Rollenspielen, indem Sie Bewohner oder Besucher ein- und ausgehen lassen. Konstruieren Sie mit Ihrem Kind eine Hütte im Garten aus Ästen und Zweigen oder bauen Sie ein Haus aus Decken und Kissen im Wohnzimmer.

Rollenspiele

Bei einem Rollenspiel übernehmen die Kinder die Rolle einer anderen Figur. Sie können ein Tier sein (Katze, Wolf), ein Erwachsener (Mutter, Vater, Lehrer) oder eine Fantasiefigur (Prinzessin, Pirat, Harry Potter). In ihrer Rolle handeln sie so wie die Figur und erleben Abenteuer. Hier gebrauchen Kinder ihre Fantasie. Im Rollenspiel stellen sie Regeln auf, was gemacht werden darf und was nicht. Hier entscheiden sie, was als nächstes passiert. Sie sind Schauspieler, Kameramann und Regisseur in einem. Rollenspiele sind für Kinder äußerst wichtig, denn sie lieben es, einmal jemand anderes zu sein. Haben Sie daher immer einen Koffer voller Verkleidungen im Kinderzimmer stehen! Ein Kaufladen dient dazu, Einkaufssituationen in Ihrer Sprache nachzuspielen. Mit Puppen können Sie Arzt oder Krankenhaus spielen, mit Stofftieren variieren Sie dies zu einer Tierarztpraxis. Spielen Sie Geschichten oder Märchen nach! Dekorieren Sie das Hochbett als Piratenschiff oder als Prinzessinnenschloss! Mit «Playmobil» lassen sich die Weihnachtsgeschichte oder Märchenszenen nachspielen, da es sie bereits als Set zu kaufen gibt.

Theaterspiele

Eine Variation ist das Theaterspiel, das Sie im Voraus planen müssen. Hierzu eignen sich Handpuppen oder Marionetten oder Sie studieren mit Ihren Kindern selbst ein Stück ein, das Sie zum Beispiel zu Weihnachten, an Feiertagen oder zum Geburtstag aufführen. Schauen Sie im Internet nach, welche Stücke es in Ihrer Sprache gibt. Fragen Sie Erzieher und Lehrer, was sie empfehlen. Oder schreiben Sie selbst eins! Dabei können Sie ganz einfach vorgehen, in dem Sie die Kinder mit ihrer Fantasie einbeziehen.

Sie müssen nur wissen, wer mitspielt (Anzahl der Spieler) und was erlebt werden soll (welche Art von Abenteuer). Die klassische abgeschlossene Handlung mit Anfang (Einleitung), Mittel- oder Hauptteil und Schluss hilft Ihnen, das Theaterspiel zu strukturieren. Sie können auch mit Handpuppen oder Marionetten Theater spielen. In einigen Kulturen ist das Kasperletheater etabliert, wie zum Beispiel in Russland. Sie benötigen dazu nur die entsprechenden Puppen sowie Geschichten zum Nachspielen in Ihrer Sprache, die Sie sicher im Internet finden.

Sprachspiele

Sprachspiele, bei denen Sie ganz bewusst mit der Sprache spielen, sind ebenfalls wichtig. Sie können dabei Gedichte oder Geschichten vorlesen, die den Kindern bereits bekannt sind. Tauschen Sie Wörter durch unsinnige Vokabeln aus, sprechen Sie Wörter falsch aus. Die Aufgabe der Kinder ist es dann, Sie zu korrigieren. Bei einem Spiel von Haba, «Ratz-Fatz», können Sie das Spiel noch variieren, indem Sie den Kindern Figuren aus Holz bereit legen, die sie ergreifen müssen, sobald sie das entsprechende Wort in der Geschichte gehört haben. Mit dem Spiel «Ich packe meinen Koffer» beginnen Sie, Dinge in einen imaginären Koffer zu packen, die allesamt von dem nächsten Mitspieler in derselben Reihenfolge genannt werden müssen. Damit schulen Sie nicht nur Vokabeln, sondern auch das Erinnerungsvermögen der Kinder.

Schreibspiele

Wenn die Kinder bereits schreiben und lesen können, können auch die Sprachspiele erweitert werden. «Galgenmännchen» oder «Stadt, Land, Fluss» gehören dazu, wobei man Letzteres auch variieren kann (Name, Frucht, Gemüse, Baum etc.). Wörter legen kann man mit den Spielen «Rummicub Wort» (Jumbo-Spiele), «Letra-Mix», «Buchstabensuppe» (beide Schmidt-Spiele) oder «Scrabble» (Mattel). Am besten ist es, sich die Spiele bei einem Urlaub im Ausland zu besorgen; sollte das nicht möglich sein, prüfen Sie, ob die Spiele alle Buchstaben enthalten, die in Ihrem Alphabet vorkommen. Verändern Sie das Spiel! Nehmen Sie zum Beispiel die deutschen Umlaute „ä/ö/ü" sowie „ß" heraus und ersetzen Sie sie durch Buchstaben Ihres Alphabets („ñ" im Spanischen, Vokale mit Akzenten in den romanischen Sprachen etc.). Gestalten Sie bei einem Kartenspiel die Karten selbst oder kaufen Sie Blankowürfel. Lassen Sie Ihre Fantasie spielen und seien Sie kreativ!

Sprechen Sie alle Sinne Ihres Kindes an

Sehen, Hören, Riechen, Schmecken, Fühlen

Eine gute sprachliche Erziehung funktioniert nicht nur über die Ohren und die Augen. Sie spricht alle Sinne des Menschen an. Die italienische Ärztin und Reformpädagogin Maria Montessori war eine der Vorreiterinnen für das sinnliche Lernen. Sie beobachtete, dass Kinder einen natürlichen Drang haben, Dinge zu berühren, sie zu schmecken oder an ihnen zu riechen. Daraus schloss sie, dass das kindliche Denken über die Sinne erfolgt: Das Greifen wird zum Begreifen. Im Online-Handbuch «Kindergartenpädagogik» schreibt die deutsche Erziehungswissenschaftlerin und Gründerin der Gesellschaft für ganzheitliches Lernen e.V. Charmaine Liebertz, dass wir optimal und effektiv lernen, „wenn möglichst viele Sinne und beide Hirnhälften eine gelungene Symbiose eingehen". Daraus fordert sie, dass Kinder Lernprozesse brauchen, bei denen Erfahren, Entdecken und Erforschen am Anfang stehen und Bewegung, Sinneswahrnehmung und Erkenntnis effektiv verknüpfen.[50]

Bezogen auf den Erwerb oder das Erlernen von Sprachen bedeutet dies, dass Kinder eine andere Sprache besser verarbeiten und abspeichern, je mehr sie diese sinnlich erfahren – mit den Augen, den Ohren, der Nase, dem Mund und den Händen. In den bereits genannten Tipps kommen schon viele dieser sinnlichen Erfahrungen vor, zum Beispiel beim kuscheligen Vorlesen, beim Miteinanderspielen oder beim Singen.

Weitere Möglichkeiten bieten sich, wenn Sie Ihr Kind in Ihren Alltag ganz bewusst mit einbeziehen und ihm sinnliche Erfahrungen ermöglichen. Anja Leist-Villis schreibt dazu: „Schauen Sie sich zum Beispiel nicht nur ein Bilderbuch über das Brotbacken an, sondern backen Sie selbst eins!"[51] Das beste Beispiel hierfür bietet sich tatsächlich bei der Nahrungszubereitung und –aufnahme. Zum einen geben Sie Ihrem Kind durch die Zubereitung traditioneller Speisen auch gleichzeitig kulturelle Erfahrungen mit: Essen wir mehr Gemüse statt Fleisch? Kommt Schweinefleisch auf den Tisch oder Rind? Muss das Fleisch koscher sein? Welche traditionellen Gewürze benutze ich in meiner Küche?

Sinneseindrücke durch Kochen und Backen

Zum anderen werden in der Küche alle Sinne Ihres Kindes mit einbezogen. So wird es beim Kochen und Backen

- mit den Händen das Gemüse fühlen, Fleisch schneiden, Teig kneten, Speisen umrühren
- sehen, wie etwas zubereitet wird
- an den Nahrungsmitteln, den Gewürzen und Speisen riechen
- probieren und abschmecken

Gemeinsamer Kochtag

Während der Essenszubereitung bieten sich eine Menge Rede- und Sprechanlässe. Kinder lernen durch das gemeinsame Kochen viel über eine richtige Ernährung und über Nahrungsmittel. Natürlich bedeutet Kochen mit Kindern auch, dass die Küche meist chaotisch aussieht. Schön ist es jedoch, wenn hinterher gemeinsam aufgeräumt wird. Und so ganz nebenbei finden sich Kinder danach sehr gut in der Küche zurecht und wissen, wo die Utensilien sich befinden. Selbst bei einem engen Zeitplan sollten Sie sich die Möglichkeit zum Sprechen in Ihrer Muttersprache nicht entgehen lassen und einmal die Woche einen gemeinsamen Kochtag einplanen.

In vielen Familien herrscht heutzutage eine gewisse Sprachlosigkeit, oftmals bedingt durch fehlende Zeit. Man redet nicht mehr

Gemeinsame Mahlzeiten bieten Sprechanlässe

viel miteinander, denn Fernsehen und andere elektronische Medien beherrschen das Familienleben und stören den Kommunikationsfluss. Spielenachmittage oder –abende finden weniger häufig statt als früher. Mahlzeiten werden nicht mehr gemeinsam eingenommen. Dieser negativen Entwicklung sollten Sie als Eltern, die bilingual erziehen, entgegenwirken, um eine gesicherte und gute Entwicklung in beiden Sprachen zu ermöglichen. Denn gerade dann, wenn man zusammen am Tisch sitzt und miteinander isst, kann man sich ausgiebig über den Tag unterhalten und darüber, was passiert ist. Achten Sie daher auch darauf, dass Sie sich als Familie zu einem bestimmten Zeitpunkt am Tag am Esstisch treffen und gemeinsame Mahlzeiten einnehmen. Ideal wäre morgens und abends. Möglicherweise lässt sich auch beim Frühstück die eine und tagsüber die andere Sprache sprechen.

Erlernen kultureller Rituale

Kinder lernen durch gemeinsame Mahlzeiten auch kulturelle Rituale. Beten oder danken wir vor den Mahlzeiten? Welche Tischmanieren sind wichtig? Welche Tischsitten gibt es? Wie sitzen wir am Tisch – hoch auf dem Stuhl oder tief auf einem Kissen? Welches Besteck benutzen wir – Gabel, Stäbchen oder Finger? Welche Getränke gibt es zu den Mahlzeiten? Kinder, die bereits zuhause die Esskultur ihres Heimatlandes sinnlich erfahren, sind auch bereit, sich in dem Land anzupassen und fühlen sich dort wohl, da sie die Gepflogenheiten kennen. Es gibt ihnen Sicherheit.

Verbinden Sie das Erwerben und Sprechen einer weiteren Sprache immer mit angenehmen und positiven Gefühlen!

Schaffen Sie Kontakte zu Muttersprachlern

Eine andere Sprache zu lernen geht nicht ohne Mitmenschen, die man zum regelmäßig Austausch braucht. Denn kein Kind wird einen Sinn darin sehen, eine Sprache zu sprechen, wenn sie kein anderer spricht. Vor allem sollten sie andere Kinder treffen, die auch diese Sprache sprechen. Daher sollte man die Wichtigkeit von anderen Muttersprachlern nicht unterschätzen. Ohne Kontakte gibt es keine Interaktion, kein wechselseitiges Handeln, was sehr wichtig ist für das Erlernen und Erwerben von anderen Sprachen. Ohne andere Muttersprachler wachsen Kinder isoliert auf und der Kontakt zur Sprache findet nur zuhause statt.

Begegnungen mit anderen Kindern und Erwachsenen

Stärkere Akzeptanz der Sprache

Andere Muttersprachler sind wie Sprachinseln zu sehen, von denen ich weiter oben schon gesprochen habe. Durch muttersprachliche Kinder und Erwachsene werden die Möglichkeiten für das Kind erweitert, Sprache handelnd anzuwenden, neue Wörter und Strukturen zu erlernen und dieselben Erfahrungen zu machen, die sie vielleicht auch schon mit der deutschen Sprache gemacht haben. Kontakte zu anderen Muttersprachlern fördern nicht nur die Sprache, sondern auch die Kultur und das Sprachprestige. Gerade für Sprachen, die nicht aus dem europäischen Sprachraum stammen und nicht viele Sprecher in Deutschland vorhanden sind, sind regelmäßige Kontakte zu anderen Sprechern äußerst wichtig. Kinder fühlen sich dann weniger isoliert mit ihrer Sprache, denn sie erkennen, dass es noch andere Menschen gibt, die genauso sprechen. Die Sprache wird stärker akzeptiert.

Erweiterung der Sprach- und Handlungsmöglichkeiten

Auslandsaufenthalte

Halten Sie deshalb Kontakte zu Verwandten und Freunden im Ausland aufrecht, indem Sie Urlaube im Land verbringen und die Familie besuchen. Wenn Kinder anfangen, die stärkere Sprache zu bevorzugen und mehr auf Deutsch antworten oder wenn sie Sprachfindungs- und Identitätskrisen haben, so ist ein mehrwöchiger Aufenthalt sinnvoll. Meist gibt es einen Sprach- und Motivationsschub, der die Kinder dazu verleitet, in der anderen Sprache weiter zu sprechen.

Motivationsstrategien

Kleine Krisen und Rückschläge innerhalb der mehrsprachigen Erziehung sind normal und wird es immer wieder geben. Es kann zum Beispiel sein, dass das Kind sehr spät anfängt zu sprechen oder es sich plötzlich weigert, eine der Sprachen zu sprechen. Vielleicht entscheidet es sich, eine Sprache nur mit bestimmten Menschen anzuwenden. Oft stellt man sich als Eltern die Frage, ob es weiterhin sinnvoll ist, das Kind in zwei Sprachen oder mehr zu erziehen. Gerade aber in solchen Momenten sind solche besonderen Motivationsstrategien gefragt! Wer sich rechtzeitig Gedanken darüber macht, ist auch für einen solchen Fall gerüstet. Motivationsstrategien können vor allem Urlaube im Sprachraum sein, aber auch Teilnahme an Sprachwettbewerben in der Muttersprache, Theaterbesuche, Kinobesuche und vieles mehr.

Regelmäßige Telefonate

Kontakte lassen sich heutzutage auch gut durch die neuen Medien halten. Telefonieren Sie regelmäßig und lassen Sie die Kinder ebenfalls am Telefon ein paar Worte sagen. Machen Sie sich mit IP-Telefonie vertraut und nutzen Sie die Möglichkeit, über das Internet mit Ton und Bild mit Ihren Verwandten und Freunden zu sprechen. Für Kinder ist diese Art der Kommunikation interessanter, weil sie hier bewegte Bilder sehen. Die bekannteste IP-Telefonie Software ist sicherlich Skype vom Unternehmen Microsoft. Es gibt aber auch andere, werbefreie Alternativen.

Kinder, die bereits schreiben können, sollten Kontakte zu Verwandten oder Freunden auch per Smartphone über Internet-Messaging-Dienste wie WhatsApp, Telegram, Joyn, Threema oder Google Hangouts halten. Wenn Kinder nicht gerade die beliebten Abkürzungen benutzen, so können sie darüber auch ein wenig ihre Schreibfertigkeiten schulen.

Internet-Messaging-Dienste

Persönliche Kontakte können über fremdsprachliche Krabbel- und Spielgruppen geknüpft werden. Auch wenn die Kinder noch klein sind und sich zu Anfang noch viel mit sich selbst beschäftigen, so hören sie doch die Sprache und ihre Melodie. Beim gemeinsamen Spielen, Malen oder Basteln und Aktionen wie Geburtstags- und Weihnachtsfeiern, traditionellen Festen oder Ausflügen findet nach und nach eine natürliche Vertiefung der Sprache statt. Mütter und Väter finden hier Gleichgesinnte und fühlen sich oft nicht mehr isoliert. Man gibt sich gegenseitig Tipps und freundschaftlichen Rat. Kinder entdecken gleichaltrige Freunde, die wie sie eine weitere Sprache sprechen.

Krabbel- und Spielgruppen

In beinahe jeder größeren Stadt gibt es Krabbel- und Spielgruppen in den wichtigsten europäischen Sprachen. Sie lassen sich meist leicht über das Internet ausfindig machen. Sollten Sie nicht fündig werden, so gründen Sie selbst eine und suchen Sie über Inserate oder einen Zeitungsartikel andere Eltern mit kleinen Kindern, die ebenfalls Interesse an einem solchen Projekt haben.[52]

Alternativ können Sie Ihr Kind auch fremdbetreuen, d.h. von einer Person betreuen lassen, die Ihrer Heimatsprache mächtig ist. Dies ist vor allem dann interessant, wenn Sie arbeiten müssen und deswegen mit Ihrem Kind weniger Zeit verbringen können – und dadurch auch weniger mit ihm in Ihrer Muttersprache spre-

Fremdbetreuung mit muttersprachlicher Erziehung

chen. Babysitter, Tagesmütter, „Leihomas" oder Au-Pairs aus Ihrem Land können diese Lücke füllen, denn sie übernehmen dann einen Teil Ihrer Aufgaben im Bereich der muttersprachlichen Erziehung. Suchen Sie dazu in den entsprechenden Internetportalen und fügen Sie als Stichwort Ihre Sprache ein. Achten Sie bei der Auswahl der Kandidaten vor allem auf deren Sprachverhalten und Sprechfreude. Menschen, die eher schweigsam sind oder die selbst schlecht sprechen oder die man kaum versteht, eignen sich in diesem speziellen Fall dann eher nicht.

Bilinguale Kitas und Schulen

Wenn Ihr Kind in den Kindergarten oder in die Schule kommt, so halten Sie nach bilingualen Kindergärten oder Kitas oder zweisprachigen beziehungsweise internationalen Schulen und Internaten in Ihrer Nähe Ausschau. Der Verein für „Frühe Mehrsprachigkeit an Kitas und Schulen e. V.", FMKS, bietet hierzu eine Datenbank an, in der sie nach den entsprechenden Einrichtungen in Ihrer Stadt suchen können. Lesen Sie hierzu auch *Tipp 15*.

Fördern Sie beide Sprachen Ihres Kindes

Bis jetzt haben Sie Tipps dafür erhalten, worauf Sie achten sollten, wenn Sie Ihrem Kind Ihre Muttersprache beibringen. Diese Sprache unterscheidet sich von der Umgebungssprache: der Sprache des Landes, in dem Sie leben.

Mutter- und Umgebungssprache fördern

Wichtig ist jedoch auch, die Umgebungssprache, in diesem Fall Deutsch, nicht zu vergessen. Kinder, die hier groß werden, müssen sich in der deutschen Gesellschaft zurechtfinden. Sie werden hier zur Schule gehen, deutsche Freunde haben, eine Ausbildung absolvieren, hier arbeiten und Behördengänge machen. Grundvoraussetzung dafür ist die richtige Beherrschung der deutschen Sprache.

Leben Sie in einer binationalen Ehe mit einem deutschen Partner und spricht dieser Deutsch mit Ihrem Kind, so dürften sich die Probleme in Grenzen halten, denn sowohl innerhalb der Familie als auch außerhalb hat das Kind mit Kindergarten, Freunden und Schule genügend sprachliche Anregungen in beiden Sprachen. Anders sieht es aus, wenn Ihr Partner ebenfalls Migrant ist und mit dem Kind in derselben Sprache wie Sie spricht (zweisprachige Erziehung) oder sogar in einer weiteren Sprache (dreisprachige Erziehung). In diesem Fall sollten Sie darauf achten, dass auch die deutsche Sprache nicht zu kurz kommt. Natürlich müssen Sie nicht anfangen, auf Deutsch mit Ihrem Kind zu sprechen, vor allem dann nicht, wenn Sie diese Sprache nicht so gut beherrschen. Bleiben Sie bei Ihrer Muttersprache.

Ausgewogene sprachliche Anregungen für beide Sprachen

Achten Sie aber darauf, dass die sprachlichen Anregungen und Möglichkeiten in allen Sprachen, die das Kind spricht, einigermaßen ausgewogen sind. Gibt es hier ein Ungleichgewicht und wird eine Sprache vernachlässigt (zum Beispiel weil nicht genügend Sprecher vorhanden sind), so wird sich diese Sprache in eine passive Sprache verwandeln, d.h. sie wird zwar mehr oder weniger verstanden, aber nicht aktiv angewandt oder sie könnte sogar fehlerhaft gesprochen werden. Betrifft dies das Deutsche, so kann es passieren, dass Ihr Kind nicht auf einer normalen Grundschule aufgenommen werden kann, weil es nicht verstanden wird. Alternativen sind in einem solchen Fall zum Beispiel Förderschulen für Sprache und Kommunikation (so genannte Sprachheilschulen). Ärzte und Schulämter stehen Ihnen in dem Fall beratend zur Seite.

Feste, Vorlese- und Spielnachmittage, Spielplatz, Vereine

Wenn Sie also merken, dass Ihr Kind durch Freunde und Verwandte genügend Input in Ihrer Heimatsprache besitzt, nicht jedoch in der deutsche Sprache, so sollten Sie handeln. Oftmals weisen auch Erzieher oder Lehrer darauf hin. Nehmen Sie solche Hinweise ernst. Fördern Sie auch Kontakte zu deutschsprachigen Kindern, besuchen Sie gemeinsam Feste und haben Sie selbst Kontakte zu Deutschen. Sie könnten sich zum Beispiel Nachbarn suchen, die ihrem Kind auf Deutsch vorlesen. Sprechen Sie aktiv Mütter im Kindergarten an, die eventuell gemeinsame Vorlese- und Spielnachmittage mit den Kindern ermöglichen. Gehen Sie auf den Spielplatz, wo Ihr Kind Kontakte zu deutschsprachigen Kindern bekommt. Melden Sie ihr Kind in Vereinen an (zum Beispiel Fußball oder Schwimmen). Wenn Sie selbst in zwei Sprachen leben, so wird Ihr Kind diese ebenfalls annehmen. Voraussetzung dafür ist jedoch, dass Sie als Eltern die deutsche Sprache als Teil Ihres eigenen Lebens akzeptieren. Lernen auch Sie bzw. Ihr Partner die deutsche Sprache, zum Beispiel in einer Volkshochschule, wenn Sie diese noch nicht so gut sprechen können. Die Umgebungssprache des Landes zu lernen, in dem man lebt, bedeutet nicht gleichzeitig, seine alte Kultur, Sprache und Heimat zu vernachlässigen, auszutauschen oder gar zu vergessen. Es bedeutet vielmehr, sich selbst und seine Kinder zu bereichern und sich zurechtfinden zu können.

Die deutsche Sprache als Teil Ihres Lebens

Wie Colin Baker schreibt, ist ein bilingualer Mensch oft auf seine ganz eigene Weise bikulturell[53], denn er kann Erfahrungen, die er in beiden Kulturen gemacht hat, miteinander verknüpfen oder austauschen und sich das heraussuchen, was für ihn persönlich am wichtigsten ist. Mal fühlt man sich deutsch, mal der anderen Kultur zugehörig, „jedoch nie bis zum völligen Verschwinden einer der beiden Kulturen“[54], denn dazu sind sie zu sehr verwurzelt. Ängste dieser Art sind also unbegründet.

Nicht nur Sprechen, sondern auch Schreiben ist wichtig!

Bisher haben die Tipps gezeigt, was Sie als Eltern tun können, um Ihr Kind erfolgreich mehrsprachig zu erziehen. In den ersten sechs Jahren wird der Fokus dabei vor allem auf das Sprechen, also das Mündliche gelegt. Dabei gibt es Eltern, die es in Ordnung finden, wenn das Kind nur passiv mehrsprachig ist und zumindest die andere(n) Sprache(n) verstehen kann. Andere Eltern finden es hingegen sehr wichtig, dass sich Ihr Kind in zwei oder drei Sprachen zu Alltagsthemen äußern und mit anderen Muttersprachlern unterhalten kann. Über den Grad der Mehrsprachigkeit entscheiden hier die Eltern mit ihren Erwartungen und ihrem persönlichen Einsatz bei der Vermittlung der zweiten oder dritten Sprache.

Schreiben lernen auch in der Muttersprache

In den letzten Jahren weisen Sprachwissenschaftler zunehmend darauf hin, dass es für Migrantenkinder aber auch äußerst wichtig ist, die Schriftsprache, also das Schreiben, zu lernen. Und dies in allen Sprachen, die das Kind spricht! Im Gegensatz zur mündlichen Mehrsprachigkeit können Kinder das Schriftliche nicht ungesteuert oder nebenbei lernen, sondern sollten sich diese Fähigkeit durch Unterricht aneignen.[55] Lernen Kinder den schriftsprachlichen Ausdruck nicht, so bleiben sie in diesem Bereich sozusagen einsprachig.[56] Im Deutschen werden sie dies im Schulunterricht lernen. Für die Heimatsprache sieht es da schon schwieriger aus.

Claudia Maria Riehl plädiert seit langem dafür, dass die Förderung der Muttersprache bereits im Kindergarten und später in der Schule verstärkt werden sollte, um eine doppelte Halbspra-

chigkeit zu vermeiden.[57] Davon spricht man, wenn ein Kind nur einen Teil der Muttersprache erworben hat (zum Beispiel nur das Mündliche und dies vielleicht nur als Dialekt) und gleichzeitig auch nur schlechte Kenntnisse in der Sprache des Gastlandes (hier: Deutsch) besitzt. Es ist wie eine sprachliche Behinderung, die Kinder daran hindert, das zu erreichen, was sie eigentlich erreichen könnten.[58] Dass dieses Phänomen existiert, ist nicht umstritten, wohl aber woher es kommt. Denn hier spielen noch viele weitere Faktoren eine große Rolle.

Lernen Kinder das Schriftliche mit Alphabet, Schriftsystem und Rechtschreibung nur in einer Sprache in der Schule (in Deutschland das Deutsche), so schreiben sie auch genauso in ihrer anderen Sprache. Sie übertragen also die gesamten Regeln in die Schriftsprache der anderen Sprache und mischen dadurch das Schriftliche beider Sprachen. Darüber hinaus kann es passieren, dass sich die Aussprache des Deutschen auf das Schriftliche der anderen Sprache überträgt.[59] Es sind Strategien der Kinder, um das fehlende Wissen auszugleichen. Doch das ist etwas, was man im Sinne einer gesicherten Mehrsprachigkeit vermeiden sollte.

Mündliche und schriftliche Kompetenzen in allen Sprachen

Gerade deshalb plädieren viele Wissenschaftler dafür, die mündlichen **und** schriftlichen Kompetenzen in der Muttersprache umfassend zu fördern. Denn erst wenn Kinder ihre erste Sprache umfassend erlernen, können sie diese Strukturen auch auf eine zweite Sprache übertragen: Sie lernen zum Beispiel, wie die grammatischen Strukturen richtig funktionieren oder dass der Satzbau komplexer wird. Kinder erfahren dabei auch, dass es bestimmte Wörter, Ausdrücke und Formulierungen gibt, die in der mündlichen Sprache nicht benutzt werden (zum Beispiel Umgangssprache).[60] So lernen sie, dass man sich im Schriftlichen anders und sogar gewählter ausdrücken kann.[61] Dies kann sich wiederum positiv auf das Mündliche auswirken.

Studien beweisen, dass es außerdem die Kompetenz der Zweitsprache (in diesem Land das Deutsche) stärkt, wenn Kinder sich bereits in ihrer Muttersprache fachkundig auskennen, also nicht nur das Mündliche, sondern auch das Schriftliche beherrschen.[62]

Gemeinsames Lesen

Auch Sie als Eltern können dafür etwas tun. Durch das bewusste gemeinsame Lesen mit Ihrem Kind wird es bereits erste Erfahrung mit der Schriftlichkeit in den Sprachen bzw. einen Einblick in die unterschiedlichen Schriftsysteme erhalten. Das ist wichtig, denn mit der Einschulung der Kinder in Deutschland spielt die schriftliche Sprache plötzlich eine wichtige Rolle. Wie aber soll das Kind in der anderen Sprache Lesen und Schreiben lernen?

Herkunftsprachlicher Unterricht

Kinder, die in Deutschland zweisprachig aufwachsen, können in vielen Bundesländern am so genannten „Herkunftssprachlichen Unterricht" (früher auch „Muttersprachlicher Unterricht") teilnehmen, oft HSU genannt. Ziel ist es dabei, die zweite Sprache schriftlich nicht zu vernachlässigen, sondern sie zu fördern und den Kindern ein höheres Niveau zu ermöglichen. Auch landeskundliches Wissen soll vermittelt werden, also die Kenntnis über Land und Leute. Daran teilnehmen können alle Kinder, die bilingual erzogen werden oder für die die deutsche Sprache in der Schule eine Zweitsprache ist.

Vermieden werden soll vor allem, dass die andere Sprache auf einer niedrigen Stufe stehen bleibt, weil sich dies, wie oben erwähnt, wiederum negativ auf die deutsche Sprachentwicklung auswirkt.[63] Denn das Ziel soll es sein, dass Kinder sowohl in Mutter- als auch in der weiteren Sprache die spezifische, didaktisch-pädagogische Sprache von Schulen (zum Beispiel Aufgabenstellungen) verstehen lernen. Erst dann haben sie im deutschen Schulsystem eine Chance, Aufgabenstellungen auch auf einem hohen Niveau zu verstehen, sie bewältigen und somit weiter kommen zu können.

Zusätzlicher Unterricht in der Muttersprache

Für gewöhnlich nimmt das Kind nach Schuleintritt an einem Extra-Unterricht teil, der meist einmal in der Woche nachmittags stattfindet und mehrere Stunden umfassen kann. Er kann, muss aber nicht in derselben Schule des Kindes stattfinden. Meist kommen Kinder aus dem gesamten Stadtgebiet für den Unterricht zusammen. Oft wird er auch klassen- und schulübergreifend erteilt, so dass Kinder verschiedenen Alters und aus unterschiedlichen Schulformen zusammen lernen. In manchen Schulen gibt es genügend Kinder, so dass HSU auch vormittags und im normalen Unterricht integriert stattfinden kann.

Am Ende der Sekundarstufe I, in der Regel nach dem 9./10. Schuljahr, kann der Jugendliche eine mündliche und schriftliche

Prüfung ablegen, bei der die sprachlichen und soziokulturellen Fähigkeiten getestet werden. Voraussetzung ist allerdings ein regelmäßiger Schulbesuch. Da der herkunftssprachliche Unterricht auf dem regulären Zeugnis vermerkt wird, können gute Leistungen in diesem Fach schlechte Leistungen in einer Pflichtfremdsprache wie zum Beispiel Englisch ausgleichen. Außerdem sollten positive Leistungen bei Versetzungen und Schullaufbahn berücksichtigt werden.

Mündliche und schriftliche Prüfungen

Der herkunftssprachliche Unterricht ist in Deutschland meist Sache der Bundesländer. Informieren können Sie sich bei den Schulämtern, bei Ihrem entsprechenden Konsulat oder der Botschaft oder über das Internet (Stichworteingabe: Ihre Stadt – Ihre Sprache – herkunftssprachlicher Unterricht). Oft fragen die Lehrer aber bereits beim Schuleingangsgespräch, das an der normalen Grundschule geführt wird, nach dem Interesse der Eltern an herkunftssprachlichem Unterricht und geben Tipps.

In Österreich informiert die Seite www.schule-mehrsprachig.at über den muttersprachlichen Unterricht. Hier gibt es Hinweise auf Schulen, aktuelle Veranstaltungen, Fachtexte sowie Arbeitsblätter und Anregungen. Zusätzlich wird die dreisprachige Zeitschrift «Trio» angeboten, die zweimal jährlich erscheint und die den Leseunterricht in mehrsprachigen Klassen von der 2. bis zur 6. Schulstufe unterstützt.

Für Kinder, die in einer der gängigen europäischen Sprachen wie Englisch, Französisch, Italienisch oder Spanisch erzogen wurden, bieten sich auch bilinguale Schulen an, über die ich im nächsten Kapitel ausführlicher berichte.

Bilinguale Schulen

A
B
C
DEF
GHI

3. Tipps und Tricks für einsprachige Eltern

Oft beneiden Eltern, die selbst nicht bilingual erzogen worden sind, andere Mütter und Väter, die mit ihrem Kind in einer anderen Sprache sprechen können. Sie sehen mit welcher Leichtigkeit die Kinder die zweite Sprache aufsaugen und sie erkennen, welche Vorteile eine bilinguale Erziehung haben kann.

Auch wenn Sie selbst einsprachig aufwuchsen, so gibt es heutzutage vielfältige Möglichkeiten, Ihr Kind früh mit einer weiteren Sprache in Kontakt kommen zu lassen. Sie müssen sich nur Ihrer Chancen bewusst sein und diese nutzen, was jedoch manchmal recht aufwändig und teuer werden kann. Auch hier gilt: Je mehr Sprachinseln Sie finden, umso besser wird eines Tages die Sprache beherrscht werden.

Sprachkurse für Kleinkinder

So gibt es als Sprachangebote bereits Sprachkurse für Kinder ab drei Jahren, bei denen sie ganz natürlich mit einer Fremdsprache in Kontakt kommen können. Selbst wenn diese nicht so effizient sind wie zum Beispiel eine bilinguale Erziehung, so hören Kinder regelmäßig die fremde Sprache in Wörtern und Sätzen sowie die Sprachmelodie in einem immersiven Umfeld: auch hier findet meist kein Unterricht statt, sondern ein natürliches Eintauchen in die Sprache selbst.

Bilinguale Krabbel- und Spielgruppen

Besuchen Sie gleichzeitig bilinguale Spielgruppen, vor allem, wenn Sie die Sprache beherrschen! Spielgruppen bringen etwas für Eltern und Kinder: Sie finden Gesprächspartner und bleiben in der Sprache und Ihre Kinder lernen andere Kinder kennen, die mit der anderen Sprache gut vertraut sind, wovon sie profitieren können.

Zweisprachige Bilder- und Wörterbücher

Schaffen Sie sich ebenfalls bilinguale Bilder- und Wörterbücher an. Schöne zweisprachige Wörterbücher bietet zum Beispiel der Fleurus-Verlag in den Sprachen Englisch, Französisch, Italienisch, Spanisch, Türkisch, Russisch und Polnisch. Im Klett-Verlag finden Sie die Bücher «ELI illustrierter Wortschatz» in den gängigen Sprachen, mit denen man ca. 1000 Wörter aus 43 Themengebieten vermitteln kann. Bilinguale Bilderbücher (zum Teil mit CDs) bieten die vielen Verlage des Netzwerks Mehrsprachigkeit wie der SchauHoer-Verlag, Edition bi:libri, Edition Orient, Anadolou Verlag, Talisa Verlag, Retorika oder der Amiguitos-Verlag.

Bei älteren Kindern, die bereits gewohnt sind, dass Sie Deutsch mit ihnen sprechen, können Sie versuchen, die Bücher zunächst auf Deutsch einzuführen. Ist der Inhalt geläufig, probieren Sie es mit der anderen Sprache. Jüngere Kinder sind da oft noch offener, so dass Sie direkt mit der anderen Sprache beginnen können. Fragen Sie Ihr Kind, wie es sich dabei fühlt, wenn Mama oder Papa ein Buch in einer fremden Sprache lesen, denn manchmal kann dies Kinder verunsichern. Seien Sie sensibel, wenn Ihr Kind dies ablehnt, aber versuchen Sie es immer wieder.

Auch die Medien bieten eine Reihe von Möglichkeiten. Bei den CDs können Sie darauf achten, dass die Kinder mit Liedern in der fremden Sprache in Kontakt kommen, die sie bereits schon kennen. So hat zum Beispiel der deutsche Komponist und Sänger

Detlef Jöcker CDs mit ***Kinderliedern*** in verschiedenen Sprachen (Deutsch, Englisch, Spanisch) herausgebracht, ebenso wie der Liedermacher Wolfgang Hering («Bewegungshits von Moskau bis Marokko» in Deutsch und Originalsprachen). Kinder erkennen die Melodie wieder und singen die Texte so mit, wie sie sie hören. Auch der britische Kinderliedermacher Robert Metcalf hat eine Doppel-CD mit 41 Spiel- und Bewegungsliedern veröffentlicht. Es gibt aber auch interessante ***Sprachhörspiele***, die das Interesse an einer anderen Sprache fördern. So kann man bereits Englisch lernen mit der Kleinen Hexe, dem Kleinen Gespenst, dem Kleinen Wassermann und mit Jim Knopf (alle ebenfalls mit Robert Metcalf).

Medien: CDs mit fremdsprachigen Kinderliedern

Auf DVD gibt es ebenfalls viele Englischkurse für Kinder, die auch schon im Fernsehen gesendet wurden:

DVDs

- Dora (Nickelodeon)
- Englisch lernen mit der Maus (WDR)
- Englisch entdecken mit Ben und Bella
- Magic English (Disney)

Für die anderen Sprachen, selbst die europäischen, sieht es diesbezüglich noch nicht besonders gut aus.

Babysitter und Au-Pairs sind ebenfalls eine gute Möglichkeit, Ihre Kinder mit der bevorzugten Fremdsprache in Kontakt kommen zu lassen. Sie können viele verschiedene Funktionen übernehmen und zum Beispiel in der Fremdsprache spielen und zu singen, den Kindern das Lesen und Schreiben in der Fremdsprache beibringen oder auch die bilingualen Bücher in der Fremdsprache vorlesen, die Sie abends dann auf Deutsch durchschauen.

Fremdsprachige Babysitter und Au-Pairs

Spielenachmittage in der Fremdsprache

Wenn Sie selbst eine Fremdsprache sehr gut beherrschen, können Sie darüber nachdenken, ob Sie nicht einen festen Spielenachmittag einführen, an dem Sie mit Ihrem Kind in dieser Sprache sprechen, wenn es die Voraussetzungen dafür hat. Je jünger das Kind, umso besser wird diese Idee angenommen. Spielen Sie die Spiele, die auch Ihr Kind kennt, einmal in einer anderen Sprache und führen Sie Ihr Kind spielerisch an Zahlen, Farben oder Formen heran (vgl. *Tipp 11*).

Handpuppe

Sollte Ihr Kind dies ablehnen, wäre eine weitere Möglichkeit, eine Handpuppe zu kaufen, die nur Englisch, Spanisch oder Türkisch versteht. Das kann das Lieblingstier sein, wie zum Beispiel eine Katze oder ein Hund, oder eine Handpuppe, bei der man mit den Händen Mund und Hände bedienen kann (zum Beispiel von Living Puppets). Denn es ist ein Unterschied, ob die Eltern plötzlich eine fremde Sprache sprechen oder eine neue Puppe, die meist eher akzeptiert wird.[64]

Intentionale Erziehung: In einer Fremdsprache erziehen

Ganz Mutige können auch darüber nachdenken, ihre Kinder komplett in dieser Sprache zu erziehen. Wichtig ist hierbei, dass Sie eine hervorragende fremdsprachliche Ausbildung vorweisen oder lange im Land gelebt haben. Idealerweise haben Sie auch permanent Kontakt zu Muttersprachlern oder Sie haben beruflich mit der Sprache und dem Land zu tun, zum Beispiel als Dolmetscher, Übersetzer, Fremdsprachenlehrer oder -korrespondent. Außerdem sollten Sie sich permanent sprachlich weiter bilden und fit in der Sprache bleiben.

Die Erziehung in einer Fremdsprache ist in den letzten Jahren immer mehr in Mode gekommen, auch deshalb, weil die Menschen immer früher Kontakt zu einer fremden Sprache, meist Englisch, haben. Wurde die intentionale Erziehung, so der Fachausdruck, vor einigen Jahren meist belächelt oder sogar kritisiert, so hat sich das Verständnis darüber gewandelt, da es erfolgreiche Beispiele gibt, die wissenschaftlich dokumentiert wurden. Intentionale Erziehung ist heutzutage immer häufiger Bestandteil akademischer Untersuchungen, zum Beispiel in Bachelorarbeiten.[65]

Bilinguale Bildungsangebote nutzen: Kindergärten, Kitas und Schulen

Nutzen Sie bilinguale Bildungsangebote und melden Sie Ihr Kind an zweisprachigen Kindergärten, Kitas oder an einer bilingualen bzw. internationalen Schule an, wenn Sie die Chance haben. Es sind die besten Möglichkeiten auch für Kinder von monolingualen Eltern, mit einer zweiten Sprache aufzuwachsen. Als gängige Fremdsprachen in diesem Bereich werden Englisch, Französisch, Spanisch und Italienisch unterrichtet.

Viele Grundschulen bieten bereits immersiven Unterrricht an. Bei einer Lesung in einer bilingualen Grundschule in Köln konnte ich selbst erleben, wie gut die Kinder die Sprache sprechen, wenn sie täglich mit ihr zu tun haben: Die Kinder stellten die Fragen meist in korrektem Englisch und sprachen dann, wenn sie nicht weiter kamen, auf Deutsch weiter. Sprachhemmungen hatten sie dabei nicht, denn sie waren es gewohnt, in Englisch zu kommunizieren. Auch die Lehrer sprachen konsequent Englisch mit ihnen. Durch den fehlenden Zwang, die englische Sprache zu benutzen, lernen die Kinder, dass beide Sprachen gleichberechtigt nebeneinander stehen.

Bilinguale Zweige der weiterführenden Schulen

Bei den weiterführenden Schulen sind es meist Gymnasien, manchmal auch Gesamt- oder Realschulen, die einen bilingualen Zweig haben. Dabei erhalten die Kinder der bilingualen Klasse in den ersten Jahren mehr Fremdsprachenunterricht als Parallelklassen, in denen sie sprachlich und methodisch vorbereitet werden. Später werden dann Sachkundefächer wie Erdkunde,

Geschichte, Politik oder Biologie komplett oder überwiegend in der Fremdsprache unterrichtet.

Internationale Schulen und Auslandsschulen

Internationale Schulen in Deutschland sind in der Regel auslandsorientiert und bieten daher meist Lehrpläne und Abschlüsse an, die sich nach dem Herkunftsland der Sprache, die dort unterrichtet wird, richten. Manche allerdings beziehen auch das deutsche Bildungssystem mit ein und bieten einen ausländischen und deutschen Abschluss an. Auslandschulen sind deutsche Schulen im Ausland. Auch hier findet der Unterricht in zwei Sprachen statt. Die Abschlüsse beider Schulformen werden meist anerkannt. Oft handelt es sich um Privatschulen, die von den Eltern finanziert werden müssen.

4. Abschließende Betrachtungen

Mehrsprachige Menschen sind auf der Welt als Normalfall anzusehen: Man trifft sie häufiger als Menschen, die nur in einer Sprache verwurzelt sind. Nicht immer sind sie perfekt zwei- oder dreisprachig, doch können sie die Sprachen im Alltag zu einem bestimmten Zweck gebrauchen. Selbst wenn dies noch nicht gegeben ist, so ist Sprache erlernbar: Es handelt sich immer um einen lebenslangen dynamischen Prozess.

Die vielen beschriebenen Vorteile, die Mehrsprachige durch ihre Sprachkenntnisse besitzen, zeigen auch, dass es nicht auf die Sprache selbst ankommt, sondern darauf, was im Gehirn beim Sprachenlernen und -erwerben passiert ist. Wichtig ist dabei, sich dieser Vorteile bewusst zu sein und diese zu nutzen. Die möglichen unterschiedlichen Familienmodelle, mit deren Hilfe man zwei oder mehr Sprachen in eine Familie integrieren kann, lassen sich für jede Familie individuell und auf jede Lebenssituation zuschneiden. Auch das Umfeld und Bildungseinrichtungen können zum Sprachenlernen genutzt werden.

Jeder Mehrsprachige sollte sich über den Sprachschatz, den er in sich trägt, bewusst sein. Man kann ihn für eigene Zwecke nutzen und sollte ihn genau kennen, um ihn eines Tages an seine Kinder weiter zu vererben.

Vergleichbar ist dies mit einer Ausbildung:

- Was bringe ich mit?
- Was kann ich verbessern?
- Was kann ich dazu lernen?

Kinder mehrsprachig zu erziehen ist und bleibt eine Herausforderung für Eltern. Sie ist manchmal sehr zeitaufwändig, wenn man zum Beispiel nach den geeigneten Mitteln wie zweisprachigen Büchern sucht. Sie ist manchmal sehr anstrengend, etwa wenn es gilt, konsequent in seiner Muttersprache zu sprechen, auch wenn diese auf Deutsch oder in einem Mischmasch antworten. Sie ist ein langwieriger Prozess und muss zwischendurch immer wieder an die eigene Lebenssituation angepasst werden.

Bei der mehrsprachigen Erziehung sind lange Zeit zwei Aspekte nicht genügend betrachtet worden. So ist es wichtig, alle Sprachen des Kindes zu fördern, auch wenn man die eine Sprache selbst nicht gut spricht. Hier können jedoch Außenstehende helfen. Der zweite Punkt betrifft die Förderung der Schriftlichkeit in allen Sprachen: Die bi- oder multilinguale Erziehung ist erst dann vollständig, wenn Ihr Kind auch in den Sprachen schreiben kann.

Gerade die Förderung der Schriftsprachlichkeit können Eltern nicht alleine leisten. Sie benötigen dazu kompetente Hilfe von außen, von Fachpersonal wie beispielsweise Lehrern. Dieser Tatsache wird in der Öffentlichkeit noch immer zu wenig Bedeutung beigemessen. An dieser Stelle steht daher die Forderung, dass sich Bildungspolitiker für das Erlernen von Schriftsprache in den hier existierenden Sprachen einsetzen sollten, um dies den Eltern und ihren Kindern zu ermöglichen. Sowohl der Staat als auch die Wirtschaft profitieren von gut ausgebildeten und in verschiedenen Sprachen umfassend geschulten Menschen.

Mit Ihrem Ideenreichtum, mit Zeit und Gelassenheit können Sie viel erreichen. Denn mehrsprachige Erziehung lohnt sich!

5. Anhang

HILFREICHE LITERATUR

Deutsch

Baker, Colin: Zweisprachigkeit zu Hause und in der Schule. Ein Handbuch für Erziehende. Verlag Auf dem Ruffel, Engelschoff 2007.

Burkhardt Montanari, Elke: Wie Kinder mehrsprachig aufwachsen. Ein Ratgeber. Brandes & Apsel Verlag, Frankfurt a. M. 2000. Verband binationaler Familien und Partnerschaften (Hrsg.).

Günther, Britta und Herbert: Erstsprache – Zweitsprache – Fremdsprache. Eine Einführung. Verlag Beltz Pädagogik, Weinheim und Basel 2007.

Jiménez, Inés María: Mut zur Mehrsprachigkeit. So erziehe ich mein Kind in einer Fremd- oder Zweitsprache. Verlag auf dem Ruffel, Engelschoff 2011.

Kielhöfer, Bernd u. Jonekeit, Sylvie: Zweisprachige Kindererziehung. Stauffenburg Verlag. Tübingen 1983/1991.

Leist-Villis, Anja: Elternratgeber Zweisprachigkeit. Informationen und Tipps zur Zweisprachigen Erziehung von Kindern. Stauffenberg Verlag, Tübingen 2008.

Montanari, Elke: Mit zwei Sprachen groß werden. Mehrsprachige Erziehung in Familie, Kindergarten und Schule. Kösel Verlag, München 2002.

Riehl, Claudia Maria: Mehrsprachigkeit. Eine Einführung. Wissenschaftliche Buchgesellschaft WBG, Darmstadt 2014.

Triarchi-Herrmann, Vassilia: Mehrsprachige Erziehung. Wie Sie Ihr Kind fördern. Reinhardt Verlag, München 2006.

Englisch

Cunningham-Andersson, Una; Andersson, Staffan: Growing Up with Two Languages. A practical guide. Routledge, London and NewYork 1999.

Doyé, Peter und King, Bettina: Kindergarten goes bilingual. Englisch im bilingualen Kindergarten. Kollektion Olms junior, Hildesheim 2013.

Fitzpatrick, Pamela: A Parent´s Guide to Bilingualism. Books on Demand, o.J.

Harding, Edith; Riley, Philip: The Bilingual Family. A Handbook for Parents. Cambridge University Press, Cambridge 2003.

Romaine, Susanne: Bilingualism. Blackwell, Oxford 1995.

Saunders, George: Bilingual Children: Guidance for the Family. Multilingual Matters Ltd, Clevedon 1982.

Spanisch
Baker, Colin: Fundamentos de Educación Bilingüe y Bilingüismo. Catedra, 2000.

Cunningham-Andersson, Una y Staffan: Crecer con dos idiomas: Una guía práctica del bilingüismo. Paídos Ibérica, 2007.

Doyé, Peter und Hausmann, Cecilia: Educación Bilingüe. Spanisch im bilingualen Kindergarten. Kollektion Olms junior, Hildesheim 2011.

Espejo Quijada, Maria: Guía práctica de bilingüismo. El Toro Mítico 2013.

Montanari, Elke: Crecer en una familia Bilingüe. La educación plurilingüe en casa y en la escuela. CEAC, 2007.

Riley, Philip y Harding, Edith: La familia bilingüe. Cambridge University Press, Cambridge 2003.

Türkisch
Baker, Colin: İkidilli Eğitim. Anne-babalar ve öğretmenler için rehber. Heyamola Yayinlari, İstanbul 2011. Erhältlich über den Verlag auf dem Ruffel: www.ruffelverlag.de/türkçe/ikidilli-eğitim-rehberi/

Französisch
Abdelilah-Bauer, Barbara: Guide à l'usage des parents d'enfants bilingues. Editions La Découverte, 2012

Abdelilah-Bauer, Barbara: Le défi des enfants bilingues: Grandir et vivre en parlant plusieurs langues. Editions La Découverte, 2008.

Deshays, Elisabeth: L'enfant bilingue : Parler deux langues: une chance pour votre enfant. Robert Laffont, 2003.

Doyé, Peter und Jereczek, Catherine: Enfance bilingue. Französisch im bilingualen Kindergarten. Kollektion Olms junior, Hildesheim 2012.

Hagège, Claude: L'enfant aux deux langues. Odile Jacob, 2005.

Lietti, Anna: Pour une éducation bilingue: Guide de survie à l'usage des petits Européens. Payot, 2006.

Italienisch

Abdelilah-Bauer, Barbara: Guida per genitori di bambini bilingui. Cortina Raffaello, 2013.

Contento, Silvana: Crescere nel bilinguismo. Aspetti cognitivi, linguistici ed emotivi. Carocci, 2010.

Deshays, Elisabeth: Come favorire il bilinguismo dei bambini. Red Edizioni, 2003.

Doyé, Peter; Manazza, Angela und Posillico, Francesca: Vivere due lingue. Italienisch im bilingualen Kindergarten. Kollektion Olms junior, Hildesheim 2011.

Titone, Renzo: Bilinguismo precoce e educazione bilingue. Armando Editore (2 edizione), 2000.

Portugiesisch

Auf Portugiesisch habe ich keinen Ratgeber über die bilinguale Erziehung eines Kindes entdeckt. Im Internet jedoch finden sich verschiedene Seiten mit Tipps zur bilingualen Erziehung in Ihrer Sprache. Der Artikel „Como fazer seu filho um bilingue: 100 dicas, ferramentas e truques" listet viele Tipps und Tricks auf. Abzurufen unter: www.nomundoenoslivros.com/2010/06/como-fazer-seu-filho-um-bilingue-100.html

Weitere Informationen finden Sie auf der Seite „Educação bilíngue no Brasil" (http://educacaobilingue.com). Sollten Sie einen guten Ratgeber kennen, so bitte ich um Nachricht an den Verlag.

Russisch

Aliew, Roman und Kazhe, Natalia: Bilinguale Bildung. Theorie und Praxis der bilingualen Schulbildung. Retorika, Riga. In russischer Sprache: Аливе, Р., Каже, Н: Билингвальное образование, Verlag Retorika, Рига. (ISBN 978-9984-670-94-5)

Doyé, Peter; Bamesberger, Klara und Werwein, Irina: Russisch im bilingualen Kindergarten. Kollektion Olms junior, Hildesheim 2013.

Елены Мадден: Наши трехъязычные дети. Златоуст, 2008. ISBN 978-5-86547-429-6.

Polnisch

Stręk, Katarzyna: Jedno Dziecko – Dwa Języki: po polsku i po niemiecku o dwujęzycznym wychowaniu/Ein Kind – zwei Sprachen: auf Polnisch und auf Deutsch über zweisprachige Erziehung. Broschüre zum Thema zweisprachige Erziehung auf Polnisch und Deutsch. Berlin, 2006. Abzurufen unter: www.daz-mv.de/fileadmin/team/Materialien/Dt_polnische_Zweisprachigkeit.pdf

Barbara Alicja Janczak: Deutsch-polnische Familien - Ihre Sprachen und Familienkulturen in Deutschland und in Polen. Verlag Peter Lang, 2013.

Deutsch-Polnische Foren zum Thema Zweisprachigkeit:
www.polen-forum.com
www.d-pl.eu/thema435.htm&hilight=Kinder+zweisprachig

Polnischer Verlag mit polnischen Zeitschriften für Kinder und Jugendliche: www.phoenix.pl/Tytuly/Dziecieco-Mlodziezowe

ADRESSEN VON VERLAGEN MIT EIN- UND ZWEISPRACHIGER KINDERLITERATUR

Amiguitos Verlag (Spanisch, Englisch)
www.amiguitos.de

Amira Pisakids (Online Leseprogramm für Grundschüler in Deutsch, Türkisch, Russisch, Italienisch, Arabisch und Englisch)
www.amira-pisakids.de

Anadolu Verlag (Englisch, Türkisch, Russisch, Französisch, Italienisch, Arabisch, Polnisch, Albanisch, Bosnisch, Serbisch, Zazaisch, Spanisch, Kroatisch, Portugiesisch)
www.anadolu-verlag.de

Edition bi:libri (Englisch, Französisch, Griechisch, Italienisch, Russisch, Spanisch, Türkisch)
www.edition-bilibri.de

Edition lingua mundi (Englisch, Französisch, Türkisch, Spanisch, Italienisch, Russisch, Persisch, Polnisch, Kroatisch, Arabisch, Serbisch, Griechisch)
www.edition-lingua-mundi.com

Edition Orient (Englisch, Arabisch, Persisch, Türkisch, Tamil, Urdu, Pashti, Bengali, Hindi, Malayalam)
www.edition-orient.de

Finken Verlag (Sprachförderung Deutsch und Englisch)
www.finken.de

Kollektion OLMS junior im Georg Olms Verlag (Chinesisch, Englisch, Französisch, Italienisch, Spanisch, Polnisch, Russisch und Türkisch)
www.olms.de

SchauHoer Verlag (Englisch, Spanisch, Türkisch, Polnisch, Russisch)
www.schauhoer-verlag.de

Talisa Kinderbuch-Verlag (Arabisch, Englisch, Spanisch, Türkisch, Persisch, Kurdisch, Polnisch und Russisch)
www.talisa-verlag.de

Verlag Retorika GmbH (Russisch, DaF/DaZ)
www.retorika.de

Hörbuchverlag Hörjuwel (Hörbücher in siebzehn Sprachen)
www.hoerjuwel.de

Nord-Süd-Verlag (Englisch, Spanisch, Französisch, Chinesisch, Russisch, Italienisch)
www.nord-sued.com

Moritz Verlag (Englisch, Luxemburgisch, Französisch, Russisch, Spanisch, Türkisch)
www.moritzverlag.de

Karin Afshar (Arabisch, Persisch, Spanisch, Russisch, Türkisch)
www.lektoratkarinafshar.de

WICHTIGE LINKS

Cologne Center of Language Sciences – Kölner Zentrum für Sprachwissenschaften (CCLS), (ehemals: Zentrum für Sprachenvielfalt und Mehrsprachigkeit ZSM)
c/o Sprachlabor der Philosophischen Fakultät
Prof. Dr. Christiane M. Bongartz
Universität zu Köln
Pohligstr. 1, D-50969 Köln
Tel. 0221-470 28 21 Fax 0221-470 51 09
http://zsm.phil-fak.uni-koeln.de

Hamburger Zentrum für Mehrsprachigkeit (HAZEMS)
Romanistische Linguistik
FB SLM II
Prof. Dr. Christoph Gabriel
Von-Melle-Park 6, Zi. 601, D-20146 Hamburg
Tel. 0 40-42 838 4793
www.slm.uni-hamburg.de/forschung/arbeitstellen-zentren/hazems.html

Internationale Forschungsstelle für Mehrsprachigkeit (IFM)
Ludwig-Maximilian-Universität - Fakultät f. Sprach- und Literaturwissenschaften – Germanistische Linguistik (Schwerpunkt Deutsch als Fremdsprache)
Prof. Dr. Claudia Maria Riehl
Ludwigstraße 27/1. Etage - G105, D-80539 München
Tel. 089-2180 6847 Fax 089-2180 3999
www.ifm.daf.lmu.de

Kommunale Integrationszentren in NRW (ehemals RAA NRW)
Bezirksregierung Arnsberg, Dez. 37
Landesweite Koordinierungsstelle
Kommunale Integrationszentren (LaKI)
Ruhrallee 1 -3, D-44139 Dortmund
Tel. 0 29 31-82 52 15
Fax 0 29 31-82 52 30
www.kommunale-integrationszentren-nrw.de

Netzwerk Mehrsprachigkeit e. V.
Barbarastraße 27, D-50996 Köln
Tel. 0 22 38-47 48 26
Fax 0 22 38-47 48 27
www.netzwerk-mehrsprachigkeit.de/

Verein für frühe Mehrsprachigkeit an Kindertageseinrichtungen und Schulen (FMKS e. V.)
Steenbeker Weg 81, D-24106 Kiel
Tel. 0 431-389 04 79, Fax 321 21241488
www.fmks-online.eu

Verein mehr Sprache e. V.
Neuenhöfer Allee 125, D-50935 Köln
Tel. 0221/437339
www.mehrsprache.de/

Verband binationaler Familien und Partnerschaften, iaf e.V
Bundesgeschäftsstelle
Ludolfusstr. 2–4, D-60487 Frankfurt/M.
Tel. 0 69-71 37 56-0, Fax 0 69-70 75 092
www.verband-binationaler.de

Zentrum für kindliche Mehrsprachigkeit e. V. (ZKM e. V.)
Bergmannstraße 46, D-80339 München
Tel. 0 89-50 80 88-23, Fax 0 89-50 80 88-19
www.zkm-muenchen.de

Bilingual erziehen. Erfahrungen und Tipps
für die multilinguale Erziehung.
www.bilingual-erziehen.de

Spracherwerb und Sprachförderung im Elementarbereich
www.sprachfoerderung.info

Zweisprachige Erziehung
www.klein-singen.de/bilingual/

Für russischsprachige Eltern:
http://bilingual-online.net/
www.multilingual-kids.de/

Auf Facebook ist «Mut zur Mehrsprachigkeit» eine Seite für alle, die sich für das Erlernen oder Erwerben von Fremdsprachen interessieren. Hier gibt es Tipps und Tricks rund ums Fremdsprachenlernen!

Bundesverband spanischer sozialer und kultureller Vereine in Deutschland e. V., www.iree.org

Verband der Griechischen Gemeinden in Deutschland (OEK) e. V.
www.oek-germany.de

Zentralrat der Serben in Deutschland
www.zentralrat-der-serben.de

Zentralverband der Assyrischen Vereinigungen in Deutschland (ZAVD) www.bethnahrin.de

Marta Zugarova: Die bilinguale Erziehung eines Kindes in einer Zweitsprache mit und ohne muttersprachlichen Hintergrund: eine vergleichende Fallstudie. Brünn, 2014. http://is.muni.cz/th/363276/pedf_b/Bachelor_Arbeit_Masaryk_Universitat_Stat01032013_V00.pdf

Maud Hammer: Zweisprachige Kindererziehung. Graz, 1999. http://archive.ecml.at/documents/relresearch/hammer.pdf

Anne Mecklenburg: „I can´t find my Schuhe" – Bilinguale Erziehung in Kindertagesstätten am Beispiel des Konzeptes „Kids Company". Potsdam, 2005. www.kita-neunmalklug.de/Dokumente/Diplomarbeit.pdf

Katharina Köhn: Bilinguale Erziehung und Mehrsprachigkeit in Deutschland. Ansätze der Etablierung der Immersionsmethode in Kindertagesstätten. Hamburg, 2012. http://edoc.sub.uni-hamburg.de/haw/volltexte/2012/1774/pdf/WS.SA.BA.ab12.57.pdf

Helena Witschas: Zweisprachigkeit im Kindergarten. Das WITAJ-Modell als Instrument zur Förderung von Zweisprachigkeit in der sorbischsprachigen Lausitz. Halle-Wittenberg, 2009. www.witaj-sprachzentrum.de/files/wicazec_bachelorowe_dzelo.pdf

Guido Fiedler: Zweisprachigkeit in der frühen Kindheit – Bilinguale Förderung in Kindertagesstätten und der Familie. Neubrandenburg, 2012. http://digibib.hs-nb.de/file/dbhsnb_derivate_0000001318/Bachelorarbeit-Fiedler-2012.pdf

ENDNOTEN

1 Vgl. Bundeszentrale für politische Bildung: Abzurufen unter www.bpb.de/internationales/afrika/afrika/58933/sprachenvielfalt?p=all vom 25.11.14.

2 Vgl. Riehl, Claudia Maria: Mehrsprachigkeit. Eine Einführung. Wissenschaftliche Buchgesellschaft WBG, Darmstadt 2014, S. 9.

3 Vgl. Kielhöfer, Bernd und Jonekeit, Sylvie: Zweisprachige Kindererziehung. Stauffenberg Verlag, Tübingen, 11. Auflage 2002, S. 11-12 sowie Triarchi-Herrmann, Vassilia: Mehrsprachige Erziehung. Wie Sie Ihr Kind fördern. Reinhardt Verlag, München 2. Auflage 2006, S. 17 – 19.

4 Ebd.

5 Riehl, Claudia Maria: Die Bedeutung von Mehrsprachigkeit. In: Newsletter des Kompetenzzentrums Sprachförderung (Köln) vom Januar 2006, S. 4.

6 Vgl. Jiménez, Inés María: Mut zur Mehrsprachigkeit. So erziehe ich mein Kind in einer Fremd- oder Zweitsprache. Verlag auf dem Ruffel, Engelschoff 2. Auflage 2011, S. 30 – 33.

7 Vgl. Brockhaus Enzyklopädie Online, Stichwort: „Deutsche Mundarten", abgerufen am 03.11.14.

8 Vgl. Brockhaus Enzyklopädie Online, Stichwort: „Sprachpolitik", abgerufen am 10.11.14.

9 Vgl. Altphilologenverband unter: www.altphilologenverband.de, Stichwort „Latein – das älteste Fach an der deutschen Schule", abgerufen am 10.11.14.

10 Vgl. Brockhaus Enzyklopädie Online, Stichwort: „Französische Sprache", abgerufen am 10.11.14.

11 Vgl. Bundeszentrale für politische Bildung, Stichwort „Weltsprache", abgerufen am 10.11.14.

12 Vgl. Huneke, Dorte (Hrsg.): Ziemlich deutsch. Betrachtungen aus dem Einwanderungsland Deutschland. Bundeszentrale für Politische Bildung, Bonn 2013, S. 210 – 212.

13 Meier-Braun, Karl-Heinz: Arbeitsmigranten waren und sind unentbehrlich für uns. In: ebd., S. 174.

14 Vgl. Statistisches Bundesamt unter www.destatis.de, abgerufen am 12.06.2014.

15 Vgl. Huneke, Dorte, a.a.O., S. 212.

16 Vgl. Spiegel-Online: http://www.spiegel.de/wirtschaft/soziales/rumaenen-und-bulgaren-zuwanderung-steigt-seit-januar-stark-a-966010.html, Stand: 12.06.2014.

17 Vgl. Riehl, Claudia Maria: Mehrsprachigkeit, S. 34-39.

18 Vgl. Baker, Colin: Zweisprachigkeit Zuhause und in der Schule. Ein Handbuch für Erziehende. Verlag auf dem Ruffel, Engelschoff 2007.

19 Colin Baker ist davon überzeugt, dass Mehrsprachige in der Lage sind, flüssiger, flexibler und kreativer zu denken. Ähnlich äußert sich auch Claudia Maria Riehl. Sie verweist auf Studien, die zeigen, dass mehrsprachige Menschen „Aufgaben besser lösen können, bei denen man einen Sachverhalt blockieren und sich auf einen anderen konzentrieren muss." Mehrsprachige könnten dies besser, weil sie bereits gelernt hätten, die eine Sprache auszublenden, während sie eine andere sprächen (Interview mit Prof. Dr. Claudia Maria Riehl in der „taz. Die Tageszeitung" vom 27.05.2006).

20 Vgl. ebd.

21 Vgl. Riehl, Claudia Maria: Mehrsprachigkeit, S. 56-58.

22 Vgl. Pressemitteilung der AAN vom 22.02.2011 „Speaking Foreign Languages May Help Protect Your Memory".

23 Vgl. Riehl, Claudia Maria: Mehrsprachigkeit, S. 97-98.

24 Vgl. ebd., S. 59-61.

25 Vgl. Riehl, Claudia Maria: Die Bedeutung von Mehrsprachigkeit, S. 4-5.

26 Vgl. ebd., S. 14-15.

27 Vgl. Jiménez, Inés María, a.a.O., S. 106.

28 Riehl, Claudia Maria: Die Bedeutung von Mehrsprachigkeit, S. 5.

29 Vgl. Jiménez, Inés María, a.a.O., S. 64ff.

30 Burkhardt Montanari, Elke: Wie Kinder mehrsprachig aufwachsen. Ein Ratgeber. Brandes & Apsel, Frankfurt a.M. 2000.

31 Anja Leist-Villis schreibt dazu: „ Formulieren Sie den Wunsch, auch in ihrer Gegenwart (gemeint sind Nachbarn, Freunde, Verwandte, a.d.A.) ohne schlechtes Gewissen mit Ihrem Kind in Ihrer Sprache sprechen zu können." Leist-Villis, Anja: Elternratgeber Zweisprachigkeit. Stauffenberg Verlag, Tübingen 5. Auflage 2012, S. 159.

32 Vgl. ebd., S. 159.

33 Vgl. ebd., S. 56-57 bzw. Jiménez, Inés María, a.a.O., S. 35-39.

34 Vgl. Jiménez, Inés María, a.a.O., S. 46ff.

35 Vgl. Montanari, Elke: Mit zwei Sprachen groß werden. Mehrsprachige Erziehung in Familie, Kindergarten und Schule. Kösel Verlag, München 2002, S. 55.

36 Vgl. Jiménez, Inés María, a.a.O., S. 97-100.

37 Triarchi-Herrmann, Vassilia, a.a.O., S. 109.

38 Vgl. Günther, Britta und Herbert: Erstsprache, Zweitsprache, Fremdsprache. Eine Einführung. Verlag Beltz Pädagogik, Weinheim und Basel 2007, S. 99ff.

39 Vgl. Leist-Villis, Anja, a.a.O., S. 89.

40 Flyer des Vereins „Il canto del mondo": http://www.il-canto-del-mondo.de/fileadmin/docs/Yehudi_Menuhin-Zur_Bedeutung_Des_Singens.pdf

41 Ebd.

42 Siehe auch: Ducqué, Martina: Reisebegleiter für Eltern, Erzieher- und LehrerInnen. Sprachfördermaterialien zur Reihe „Meine Wörter reisen", SchauHoer Verlag, Pulheim 2. erw. Auflage.

43 Vgl. Triarchi-Herrmann, Vassilia, a.a.O., S. 113.

44 Zum Beispiel den Anybook-Vorlesestift DRP 4000 von der Firma Franklin.

45 Vgl. Triarchi-Herrmann, Vassilia, a.a.O., S. 115.

46 Siehe auch: Jutta Bauer «Emma isst» auf Deutsch und Englisch, App vom Carlsen Verlag GmbH, aktualisiert 2015.

47 Vgl. Kluge. Etymologisches Wörterbuch der deutschen Sprache, de Gruyter, Berlin/ Boston 25. Auflage 2011, Stichwort Spiel: mittel- u. althochdeutsch spil, Ausgangsbedeutung „Tanz, tanzen", sowie El Pequeño Larousse Ilustrado, Barcelona 1998: Juego: lat. Iocum, broma, diversión.

48 Wahrig Deutsches Wörterbuch, 7. Auflage 2000.

49 Munzinger Online/Brockhaus - Enzyklopädie in 30 Bänden. 21. Auflage. Aktualisiert mit Artikeln aus der Brockhaus-Redaktion, URL: www.munzinger.de/document/12020065211 (abgerufen von Stadtbibliothek Köln am 12.8.2014).

50 Liebertz, Charmaine (2001/2010): Warum ist ganzheitliches Lernen wichtig? www.kindergartenpaedagogik.de/419.html (27.05.2014).

51 Leist-Villis, Anja, a.a.O., S. 90.

52 In meinem ersten Buch «Mut zur Mehrsprachigkeit» habe ich meine Erfahrungen bei der Gründung einer spanischsprachigen Spielgruppe aufgeschrieben. Zu finden in den Literaturtipps.

53 Vgl. Baker, Colin, a.a.O., S. 23.

54 Baker, Colin, ebd., S. 24.

55 Vgl. Riehl, Claudia Maria: Die Bedeutung von Mehrsprachigkeit, S. 5.

56 Vgl. Riehl, Claudia Maria: Schrift und Schriftlichkeit in der Muttersprache. In: News--letter des Kompetenzzentrums Sprachförderung (Köln) vom Oktober 2006, S. 7.

57 Vgl. ebd.

58 Vgl. ebd., S. 5.

59 Vgl. Riehl, Claudia Maria: Mehrsprachigkeit, S. 122-127.

60 Vgl. ebd., S. 121-143 sowie Interview mit Claudia Maria Riehl in der „taz" vom 20.06.2006.

61 Vgl. Riehl, Claudia Maria, Schrift und Schriftlichkeit, S. 7-9. Anhand des Fallbeispiels zeigte sich der Unterschied im Schriftlichen zwischen einer Schülerin (Gymnasium, kein muttersprachlicher Unterricht) und eines Schülers (Gesamtschule mit türkisch-deutschem bilingualen Zweig): Der Schüler schrieb einen auffällig längeren Text, drückte sich literarischer aus und vermied umgangssprachliche Ausdrücke, obwohl er jünger war.

62 Vgl. Interview mit Claudia Maria Riehl in der „taz" vom 20.06.2006.

63 Vgl. http://home.edo.uni-dortmund.de/~hoffmann/ABC/MuttersprUnter.html (Stand: 16.06.14).

64 Vgl. Montanari, Elke: Mit zwei Sprachen groß werden, S. 54.

65 Wer mehr über die Erziehung in einer Fremdsprache wissen möchte, dem sei mein Handbuch «Mut zur Mehrsprachigkeit – So erziehe ich mein Kind in einer Fremd- oder Zweitsprache» empfohlen.

BILDNACHWEIS

Seite 10: gpointstudio –; Seite 20: Alex_Mac –; Seite 30-31: Rob –; Seite: 46: nadezhda1906 –; Seite: 52: athomass –; Seite 71: kalinich24 –; Seite 79: sipaphotography –; Seite 90: calmlookphoto –; Seite 94: Tyler Olson –; Seite 100, 103: Monkey Business –; Seite 111: Petro Feketa –; Seite 122: Robert Kneschke – fotolia.com